Günter von Hummel

Die Mathematik des Eros

Die ‚perfektoiden Räume' des Unbewussten -

eine Selbstpraxis

Das Umschlagsbild von T. Heydecker trägt den Titel ‚Chaos-Liebe II' und stellt damit genau diese Verwicklung dar, die der Eros im Leben des Menschen verursacht. Die beste Methode diese Verwicklung zu lösen liegt in einem Zusammenhang von Psychoanalyse und Mathematik. Zusammenhang kann nicht heißen, dass eines in der Sprache des anderen – so oder anders herum – ausgedrückt wird, sondern in einem dritten, eigenen, zumindest strikt analogen Verfahren zur Geltung kommt. Dieses Verfahren habe ich *Analytische Psychokatharsis* genannt und bereits von verschiedenen Seiten her dargestellt; diesmal eben von der Mathematik des Eros her.

© 2025 Günter von Hummel
Verlag: BoD · Books on Demand GmbH,
Überseering 33, 22297 Hamburg, bod@bod.de
Druck: Libri Plureos GmbH, Friedensallee 273,
22763 Hamburg
Lektorat: S. Möckel, München
ISBN: 978-3-7562-1276-7

Inhaltsverzeichnis

1. Die Diktatur von Liebe und Sex   5
2. *Analytische Psychokatharsis*   23
3. Identität   36
4. Imaginäre Scham und symbolische Schuld   56
5. Macht ohne Machthaber und Sex ohne Gesetz 77
6. Arithmetik und Topologie   85
7. Die Mathematik des Unbewussten   104
8. Eine Erotologie   122
9. Liebe und Transerotik   138
10. Wahrheit und Blick   162
11. Anhang zur Praxis des Verfahrens   187
    Literaturverzeichnis   196

1. Die Diktatur von Liebe und Sex

Das deutsche Originalmanuskript von A. Koestlers berühmten Roman ‚Sonnenfinsternis' wurde erst vor kurzem wiederentdeckt und neu ediert.[1] Koestler hatte es 1940 in den Kriegswirren verloren, die schon vorher erstellte englische Übersetzung (die später – auch mit seiner Hilfe – ins Deutsche etwas holprig zurückübersetzt wurde) erreichte nach dem Krieg Millionenauflagen. Es geht in Koestlers Buch um die in den stalinistischen Säuberungsprozessen der dreißiger Jahre des letzten Jahrhunderts stattgehabten perfiden Verhöre. Der Hauptprotagonist heißt Rubaschow, er ist selbst ein ehemaliger und lange vehementer Mitstreiter der kommunistischen Diktatur, hat jedoch begonnen sich dagegen aufzulehnen und eine Widerstandsgruppe geleitet. Nun ist er vom staatlichen Geheimdienst gefangen genommen worden und wird in brisante Verhöre verwickelt. Darin kommt eine Diskursform zum Tragen, die in diesem Buch eine Richtlinie sein kann, auch wenn es um hier eine ganz andere Thematik geht.

Die Verwicklung zwischen dem Ankläger und dem Angeklagtem beginnt in Koestlers Buch zuerst spitzfindig, aber relativ harmlos, denn im ersten Interview ist der anklagende Befrager selbst ein Genosse Rubaschows aus

---

[1] Koestler, A., Sonnenfinsternis, Elsinor (2018)

der gemeinsamen kommunistischen Anfangszeit. Später haben sich die Wege getrennt, aber das Verhör findet noch in fast partnerschaftlicher Weise statt und hat ein beinahe philosophisches Niveau. Es geht so weit, dass „die Art zu denken und zu argumentieren" des einen spiegelverwandt der des anderen ist, und dass es auch vom Echo der Gedanken des Klägers im Kopf des Beklagten her nicht schwer war, eine gute Verteidigung zu finden. So muss sich Rubaschow anfänglich nicht fürchten, weil er eben versteht, in dieser Weise „mit dem Hirn des anderen zu denken" und so dessen Worte als durchaus logisch zu empfinden und für die eigene Rede in leicht umgedrehter Form verwenden zu können. Man kann geradezu von einen Spiegel- und Echo-Diskurs sprechen, in dem sich die gemeinsame Zeit von Kläger und Angeklagtem in der sowjetischen Kaderschmiede als das eine, aber auch die stalinistische Diktatur und Rubaschows Gegenstrebungen als das andere miteinander verschachteln.

Eben dieser Diskurs ist sogar ein weltweites Phänomen, indem viele Verhöre, aber auch Debatten und Dialoge so aussehen, dass man beiden Gesprächspartnern auch als Außenstehender logisch folgen und beiden sogar inhaltlich oft weitgehend recht geben muss und doch bleiben sie getrennt. In Koestlers Schilderung gefällt dem KGB, dem sowjetischen Geheimdienst, diese dialektische, spiegel- und echoartige Methode des Verhörs jedoch auf die Dauer nicht. Der Erstinterviewer wird schließlich selbst verhaftet und erschossen, weil er nicht scharf genug agiert hat. Erst dann – mit einem neuen Geheimdienstler – kommt es zu der Art von Verhör, wie es sich bei den stalinistischen Säuberungsprozessen wohl wirklich zugetragen hat: erpresserisch, hinterhältig, perfide und brutal. Trotz all dem hätte es in Koestlers Buch noch zu ein paar Spiegel- und Echo-Auseinander-setzungen kommen können, die Gedanken dazu waren da. Aber Rubaschow wird als zu schwach und zu lax argumentierend dargestellt; er gerät ständig in Erschöpfung, wird misshandelt, ist mehr und mehr resignativ und verliert so den Prozess. Man bringt ihn um.

Heute stehen, zumindest in Europa, keine derartigen politischen Kontroversen mit solch spitzfindig einkreisenden Verhören und Totschlag mehr im Mittelpunkt, auch wenn gerade Krieg in der Ukraine herrscht und in Russland wieder einmal tausende Gegendemonstranten verhaftet wurden. Wir debattieren und streiten nunmehr vorwiegend um wirtschaftliche, soziale, kulturelle und genderbezogene Themen, und auch hier zeigen sich oft Spiegel- und Echo-Varianten der unterschiedlichsten Gesprächspartner. Politisch Linke und Rechte beschimpfen sich gröblich, obwohl sie sich doch beide in der gleichen Art, nämlich radikal ideologisch und unkritisch, hinter dem jeweiligen Gesinnungskollektiv verstecken.[2]

Der Philosoph D. Eribon jammert ehrlich betroffen über die Diskriminierung Homosexueller und Personen der unteren Klassen, verschweigt aber, dass es genau die Schwulencommunity war, die ihm zu Studium und Ansehen verholfen hat. Zudem hetzt er gegen die Psychoanalyse, die er dringend nötig hätte, denn er hat sie überhaupt nicht begriffen.[3] Zurecht beklagen Frauen die sexuelle Belästigung durch die Männer, doch andere bedauern, wenn Anmache und Flirt ganz unter den Tisch fielen. Und Transsexuelle, die sich heute Transgender nennen, spiegeln perfekt die Geschlechtergeschichten, finden aber das dazugehörige Echo nicht.[4] Ich will zu allen diesen Thematiken als Spiegel/Echo-Diskurs Stellung nehmen

Wie Koestler schreibt, war bei den kommunistischen Prozessen der Diktator selbst die Hauptfigur im Hintergrund und der einzige Angelpunkt für die Spiegel- und Echo-Diskurse. Immer wurde so getan, als säße er beim Verhör im Zentrum des Geschehens mit dabei:

---

[2] Die Linke, heißt es, ist die kollektive Spinnerei, die Rechte die kollektive Schurkerei. Wegen des Kollektivcharakters überschneiden sich oft ihre scheinbar gegenteiligen Argumente.
[3] Eribon, D., Der Psychoanalyse entkommen, Turia+Kant (2017)
[4] Siehe SZ-Artikel vom 14.8.18 über den ich berichten werde.

unumstößlich und unangreifbar wie Gott. Meiner Ansicht nach nimmt heute – abgesehen von der Problematik politischer Diktaturen – die Diktatur der sozial-kulturellen und der Liebe- und Sex-Diskurse diese zentrale Rolle ein, um die sich die gegenseitigen Argumente und das Denken mit dem Hirn des anderen dreht. Sie wüten schrecklich und sind doch spannend-unterhaltsam. Die Frauen sind das Echo der männlichen Spiegelungen (und umgekehrt), dies verhielt sich schon im Mythos des Prinzen Narziss und der Nymphe Echo genauso. Narziss sah nur sich selbst im Spiegelbild, und Echo konnte nur widerhallende Worte von sich geben. Lieber tot als in Liebe vereint, war das Resümee, dass der Prinz schließlich zog.

Das Wesen der Echo- und Spiegel-Diskurse werde ich gleich im nächsten Kapitel aufnehmen, um schon vorab das Verfahren zu schildern, das der letztliche Zweck dieses Buches ist: eine ‚Selbstpraxis‘ wie es der Philosoph M. Foucault nannte, indem er die Vermittlung der antiken ‚ars erotica‘ wieder aufnahm. Foucault war der Ansicht, dass die originäre Selbstverwirklichung in der Liebe und im Sex stets verfremdet worden ist. Auch der französische Psychoanalytiker J. Lacan war ähnlicher Auffassung, dass beispielsweise die Liebe, so wie sie allgemein kommuniziert wird (und auch wohl immer kommuniziert worden ist), ein Täuschungsakt ist, der ziemlich komisch wirkt. „Lieben heißt geben, was man nicht hat", meinte er, was wohl heißen soll, dass der Gebende

schon ahnt, dass er nicht viel für den Liebesakt tun muss,
denn bereits wenn er das ‚Lie-' ausgesprochen hat, fällt
der Nehmende in einem Glücksrausch und gibt das ‚-be'
von sich aus dazu. Er merkt somit gar nicht mehr, dass
er nichts bekommen hat. Die Liebe ist ein psychisches
‚Objekt', das sich im Imaginären (Spiegel) und Symbolischen (Echo) abspielt, während das Reale auf der Stre-
cke bleibt.[5]

S. Proudhomme, Nobelpreisträger für Literatur, meint,
dass „die Liebe nicht wert sei, als Thema eines großen
Werkes zu dienen; weil sie die unwissende, eitle und frivole Frau zur Voraussetzung hat."[6] Ja, wirklich? Für ihn
waren die Frauen von Natur aus irgendwie rein, quasi
steril und inert, und konnten als solche gar nicht verdor-
ben werden. Die Liebe war alles und nichts zugleich. Für
ihn selbst konnte sie nie verwirklicht werden, er liebte
zeitlebens nur seine Schwester, und so bleibt er der ab-
gehobene Philosoph, der vom Liebesleben nur im Kopf
weiß. Stendhal dagegen schrieb sein Buch „Über die
Liebe" aus ureigenster Erfahrung und Betroffenheit.[7]
Auch alle seine sonstigen Romanfiguren kämpfen

---

[5] Ich werde noch mehrmals darauf zurückkommen, dass sich die
Unterscheidung des Imaginären, Symbolischen und Realen ideal
für die Mathematik des Eros eignet.
[6] Proudhomme, S., Intimes Tagebuch, Coron Verlag Zürich, S. 60
und 74
[7] Stendhal, M. H., Über die Liebe, A. Schurig, Jena (1911)

rücksichtslos ums Glück von Liebe und Macht. Er plädiert für die „l`amour passion", die Leidenschaftsliebe, den wahren Eros. Doch konnte er ihn vermitteln? Kann man das überhaupt in einer Belletristik oder gar in einem Sachbuch richtig lehren?

R. Barthes, den ich gerne wegen seiner Semiotik zitiere, meint, dass „dem liebenden Subjekt keinerlei sicheres Zeichensystem zur Verfügung steht" – weder um dem Anderen die Liebe zu beweisen, noch um zu enträtseln, ob es vom Anderen geliebt wird. Obwohl er es wirklich anders zu sagen versucht und auch Wissen hat, kommt er hinsichtlich der ‚Liebessprache' in seinem gleichnamigen Buch über die völlig verrückte, passionierte Art der Liebe, über die Eitelkeiten, Narreteien und manisch-depressiven Episoden dieser „amour fou" auch nicht hinaus.[8] Er kommt nicht auf die Idee, dass beispielsweise die Mutterliebe (die beim Homosexuellen so kontrapunktisch wirkt, da er auf sie fixiert bleibt) letztlich auch kein ideales Vorbild für die Liebe ist, denn so sehr sie für das heranwachsende Kind lebensnotwendig ist, ist sie doch oft auch eines der größten Hindernisse für den Übergang ins reife Leben des Heranwachsenden. Selbst in ihren Negationen (die Mutter ist an allem schuld) kommen die Menschen von ihr nicht mehr los. Ihre

---

[8] Barthes, R., Fragmente einer Sprache der Liebe, Suhrkamp (1988)

Größe, die in manchen Kulturen als der Grundzug der Liebe überhaupt angesehen wurde, besteht zu Recht, aber nur für eine kurze Zeit, für eine kleine Lebensspanne in der Frühzeit des Kindes. Danach ist sie Blaupause für die absurdesten Romantizismen.

D. H. Lawrence, dem großen Schriftsteller und Leidenschaftsliebenden schlechthin, misslang ebenfalls diese noch in seine Kindheit reichende Liebesgeschichte. In seinem Buch ‚Mr. Noon' lässt er die Hauptakteurin sagen, dass sie an die allgemeine Liebe glaube und dass sie alle lieben wolle. Aber es stellt sich heraus, dass sie darunter „alle Männer" versteht, während ihr Partner von der „besonderen Liebe" spricht, bei der man nur eine liebt – die jedoch ausschließlich „körperlich."[9] Kein Wunder, wenn es da zwischen den beiden Probleme gibt und auch der Autor sie für sich selbst nicht lösen konnte, er also quasi ein Muttersöhnchen geblieben ist.

Ich werde also die Suche bei den großen Schriftstellern und ihren hunderttausend Versuchen, von Eros und Liebe zu reden, sowie bei den Philosophen und Meistern der ‚ars amandi' gar nicht mehr allzu weit fortsetzen, nicht bei Ovid und seiner Liebeskunst oder bei der Bergpredigt, wo so viel über Liebe steht, ideale Liebe, jenseitige Liebe, deren so edel ausgedrückte Höhe

---

[9] Lawrence, D.H., Mr. Noon, Diogenes (19932) S. 240-242

anscheinend mit den Tiefen der realen Liebe nicht mehr zusammengeht. „Die Liebe bettelt, genauso wie sie erpresst . . . Die Liebe ist ein perfektes Verbrechen."[10] Krass. Paradoxer kann man es wirklich in belletristischer, allgemeiner Form nicht sagen. Wenn eben alles nichts nützt, um uns zu einer Art von „Vernunft der Liebe" zu bringen, muss man es anders sagen. Radikal anders. Oder man muss eben den Spiegel- und Echo-Charakter der Liebe erkennen, den in seiner sublimsten Form Lacan das ‚Ding' nennt.[11]

Genau darum geht es nämlich auch in der Psychoanalyse, indem in ihr das Phänomen der ‚Übertragungsliebe' eine wesentliche Rolle spielt. Dieser Vorgang scheint radikal anders zu sein und gleichzeitig genauso spiegel- und echobezogen. Denn der Analytiker stellt eine fast künstliche Situation her, eine Gesprächssituation ohne eigentliche Realität, ohne ein wirkliches Thema. Nur vor dem Hintergrundspiegel, dass man dem (groß zu schreibenden) *Anderen*, dem Analytiker, ein Wissen unterstellt, entsteht im Zwischenfeld das, was Freud eben Übertragung genannt hat: Übertragung von

---

[10] Lavie, J. C., in Psyche Nr.9/10 (1995) S. 1003-1004
[11] Ich beziehe mich hier auf das Lacansche ‚Ding', das unbewusst ist und mit dem Kantschen ‚Ding an sich', aber auch mit dem Eros als außerhalb allen Zuschreibungen Stehendes nur andeutungsweise zu tun hat. Darauf werde ich ebenfalls noch ausführlich eingehen.

unbewussten und verjährten Gefühlen und inadäquaten Bedeutungen auf den Analytiker.

„Übertragung ist etwas, was die Liebe in die Sache hineinzieht", diese Spiegelung kann man in der lange sich hinziehenden Sprechzimmersituation gar nicht verhindern.[12] Es geht um die Liebe auch in ihrer Form als Hass, als Narzissmus oder als sonst etwas, denn diese ‚Übertragungsliebe' stellt das In-Gang-Setzen des Unbewussten dar – da kann es auch manchmal negative Übertragungen geben, also solche, wo „man seinen Analytiker nicht mehr aus den Augen lässt", wie Lacan bemerkte, oder Wut artikuliert – und so kommt auch der echosprachliche Anteil zu dieser Art von Liebe dazu.

Tatsächlich wissen auch die meisten sogenannten Liebes-Wissenschaftler auf die Frage nach Liebe und Eros eine eher lieblose Antwort. Sie sind geradezu ein Beispiel dafür, dass sie nicht in einer Liebessprache schreiben, wenn sie sich schriftlich über die Liebe äußern. Der Soziologe N. Luhmann zum Beispiel fängt bei der Liebe als „symbolisch generalisiertem Kommunikationsmedium" an, erst viel später kommt er auf die Leidenschaft zu sprechen.[13] Er weiß es, aber er sagt es nicht gut. Ortega y Gassets Definition der Liebe als „Strom von Wärme und Bejahung" klingt auch erst einmal nicht

---

[12] Lacan,J., Le transfert, Seminaire Nr. VIII, ed. seuil (1991) S. 82
[13] Luhmann, N., Liebe als Passion, Suhrkamp stw (1994) S. 21

besser. „Der treffendste, aber allzu technische Ausdruck" schreibt Ortega jedoch weiter „wäre der, dass der Liebende ontologisch beim Geliebten ist, seinem Schicksal treu. Die Frau, die einen Dieb liebt, mag sich mit ihrem Körper irgendwo befinden, mit ihrem Bewusstsein ist sie im Gefängnis"![14]

Fast möchte man sagen, es verhält sich umgekehrt wie bei Luhmann. Ortega hat es lieb, witzig, also gut gesagt, aber nicht richtig gewusst. Denn nirgendwo ist die Liebe so gut geregelt, wie wenn der Geliebte im Gefängnis sitzt und man ein ständiges aufeinander Kleben nicht befürchten muss. Irgendwie scheint es eine Diktatur der Liebe zu geben, die von oben her das Leben der Menschen bestimmen will als sei es ein Gebot. Aber mit dem Sex verhält es sich nicht anders, denn noch weniger gut wird gesagt und wirklich gewusst, was es mit ihm auf sich hat. Lacan meint, dass das sexuelle Verhältnis gar nicht existiert, weil man eben nichts davon klar ausdrücken, nichts definieren oder in eine vermittelnde symbolische Form bringen kann. Die sexuelle Beziehung ist eine Scheinrelation, sie scheint hell-grell, ist Beziehung aber nur dem Anschein nach. Und so wirkt es, als übe der Sex eine Diktatur von unten her aus.

---

[14] Ortega y Gasset, J., Über die Liebe, Dt. Verlagsanstalt (1961)

Der Sex klingt nicht, er hat keinen sonoren Ton, mit dem er sich lautlich von einem zum anderen Geschlecht exakt herüberbringen ließe. Vielleicht existiert nur ein Stöhnen, aber das spricht nicht, es ist nicht einmal mehr ein Echo.[15] Der Sex lässt sich auch nicht in ein Spiegelbild bringen, denn wenn man ihn beschreiben will, wirkt er nur kurios und abstrus. Nach Freuds Auffassung liegt das Problem daran, dass die Menschen am Kastrationskomplex leiden und somit nur einen Patzer, ein Danebengehen produzieren. Schon König Ödipus musste zuerst seinen Vater töten, um in den vollen Genuss des Eros zu kommen. Freud meinte auch, dass der Mann die Frau als „Sexualobjekt überschätze." Immer wieder betonte er, „dass etwas in der Natur des Sexualtriebes selbst dem Zustand der vollen Befriedigung nicht günstig ist", weil sie zu kurz anhält und nicht wirklich Elementares zwischen den beiden Geschlechtern enthüllt wird.[16] Echos und auch Spiegelungen und werden hin- und hergeschickt, aber es passiert nichts.

Besser kommt man diesbezüglich wieder mit M. Foucault zurecht. Den Begriff „Macht" sagt er beispielsweise, muss man sich ohne Machthaber, ohne Herrscher

---

[15] Die Schriftstellerin T. Morrison beschrieb es als „krächzende Geräusche und plötzliche Stille".
[16] Freud, S., Über die allgemeinste Erniedrigung des Liebeslebens, GW 8, S. 89

denken und den Begriff „Sex" ohne Gesetz, ohne Normierung. Beide stellen die letztliche, untergründige Realität dar. Foucault versteht unter „Sex" nicht die Sexualität, sondern den Körper als solchen und seine Lüste, schlechthin den Eros als solchen, ohne Einengung, Regelung und Strategie. Seiner Meinung nach müsste man den Sex all seiner Regeln und Formen entkleiden, seine „Kargheit" und „Hinterhältigkeit" von ihm nehmen und ihm seine „Selbstpraktiken" wiedergeben, die – wie ich bereits zitiert habe – in der Antike, in der ‚ars erotica' vorgeherrscht haben sollen.[17] Für Foucault übt der Sex eine Diktatur der Missverständnisse aus, man muss „Nein zum König Sex" sagen, damit eine freie erotische „Selbstpraxis" entstehen kann (Genaueres auch zu diesem Begriff später).

In der Antike galt auch Sisyphos als großer Erotiker. Er liebte - gewiss auf zum Teil raffinierte Weise - zahlreiche Frauen, und es gelang ihm mit seinen Leidenschaften sogar mehrmals den Tod zu überlisteten, bevor er letztlich dazu verurteilt wurde, den immer wieder herunterrollenden Steinblock auf einen Berg zu schleppen. Während Camus behauptet, „man müsse sich Sisyphos als einen glücklichen Menschen vorstellen", würde der Psychoanalytiker widersprechen und sagen, dass dessen Tätigkeit eher einer zwanghaft sexuellen Wiederholung

[17] Foucault, M., Short Cuts, Verlag Zweitausendeins (2001)

gleicht. Von Glück keine Spur. Der Stein ist Ausdruck seiner erstarrten Libido, und so müsste man sich Sisyphos eher als einen Menschen vorstellen, der genau an der Monotonie des Sexes leidet. Oben, am Höhepunkt der Lust fällt diese natürlich wieder ab, ins Tal der Nichtigkeiten, von wo sie neu wieder aufgenommen werden muss. Nicht die Götter haben ihn dazu gezwungen, er selbst ist so sexistisch, dass er nicht anders kann. Wie Wagners Tannhäuser am ‚mons pubis' prallt Sisyphos dort, an dieser Stelle der Frau ab, die dort ‚Venushügel' heißt, und so versucht er ständig wieder – als sei dies sein sexuelles Vorspiel – seinen Trieb auf den Gipfel zu schleppen.

Mit Liebe und Sex ist es also nicht weit her, auch wenn das Gegenteil immer wieder behauptet wird. Dies ist auch die Thematik der israelischen Philosophie-Soziologin Eva Illouz, die zwanzig Jahre darüber geforscht hat. In ihrem letzten Buch zieht sie Resümee:[18] Sie sieht die in traditionalistischen Herrschaftssystemen agierende Unterdrückung und Rigidität selbstverständlich als negativ. Aber auch heutzutage steht es um die Geschlechterbeziehungen und den sie begleitenden Eros nicht besser, meint sie. Die sexuelle Befreiung habe nichts gebracht und eher zu Leistungszwängen und völliger Verunsicherung geführt. Bedrohlich ist vor allem – so

---

[18] Illouz, E., Warum Liebe endet, Suhrkamp (2018)

schreibt sie – „eine von kapitalistischen Industrien in Männerhand produzierte Visualität", also die sexistischen Männerblicke und die dadurch erstellten Frauenbilder. E. Illouz nennt dies auch den „skopischen, den Blick-Kapitalismus", der „von den sexuellen und romantischen Akteuren einen zu hohen Preis verlangt" und der letztlich nur in heillose Negativitäten mündet.

All dies heißt nicht, dass sie für eine „Rückkehr zu Familienwerten, zur Gemeinschaft oder zu einer Einschränkung der Freiheit" plädiert. Sie will, dass feministische und religiöse Kritik gehört wird und verurteilt auch die „Mithilfe der Psychobranchen", die nur im Dienst dieser skopischen kapitalistischen Macht stehen. Auch von der Psychoanalyse hält sie nicht viel. Doch genügen ihre Statements für eine wirkliche Veränderung dieses durch social Media, Internet, falsche Libertinage, modernen Zeitgeist und vieles andere beschädigten Eros? Auch sie bezieht sich auf Foucault, hat aber noch weniger als er eine gelungene, reife und wirksame ‚Selbstpraxis' für heute zur Hand, die so dringend nötig wäre. Auch sie verbleibt bei den zwar wissenschaftlich im philosophisch-soziologischen Bereich fundierten, vielseitig und eindrucksvoll beschriebenen, aber ebenso auf Spiegel- und Echo-Diskurse zurückführbaren Phänomenen von Liebe und Sex.

Man kann alles von unten und von oben her sehen (Spigel) und beides gleichermaßen glaubhaft erzählen (Echodiskurs). Von oben her existiert der Sex eben nicht, selbst vom Olymp musste Zeus stets in die Tiefe der menschlichen Täler steigen. Dafür heißt die Liebe von oben her betrachtet dann agape (griechisch) oder caritas (lateinisch), was ein bisschen sozialfürsorglich klingt, anständig, zugeknöpft, langweilig. Von unten her nennt sich der Sex Pornosophie und die Liebe Eros.[19] Was dazwischen passiert, werde ich in den folgenden Kapiteln als Thematik in verschiedenen Versionen wieder aufnehmen, ein bisschen in Bezug zur Mathematik, aber mit effektiver ‚Selbstpraxis'.

Es wird also bezüglich der Mathematik nur um einen schlicht gefassten Bezug gehen, analogisch, nicht algebraisch, sondern nur ganz allgemein populärwissenschaftlich und simpel theoretisch. Der Eros wird im Vordergrund stehen, ich nutze ihn als die Erörterungen von Liebe und Sex übergreifenden Begriff, wie er auch in der Antike gehandhabt wurde, aber auch heute gut zu verstehen ist. Die alten Griechen hatten kein Wort für Sex und so wurde Liebe und Sex in erster Linie mit dem Wort Eros bezeichnet. Erst die monotheistische Religion und

---

[19] Pfister, M., Zweifel, S., Pornosophie und Imachination, Matthes & Seitz (2002). Das Buch bezieht sich vorwiegend auf die ‚Philosophie im Boudoir' des Marquis De Sade.

die kirchliche Moral hat strikte Unterscheidungen eingeführt und so den Sex richtig interessant gemacht. Denn
um die Gefährlichkeit des Sex zu beschreiben, musste
die Kirche immer die Lust verteufeln, die als solche, per
se sozusagen, unbeherrschbar, und damit Inbegriff des
Lebens ist.

Das fängt mit der Süße in der Kindheit an und endet mit
der Wonne des Todes, die es – laut Lacan –„in der Liebe
immer gibt, eines Todes jedoch, den wir uns nicht selbst
auferlegen können."[20] Es hat etwas mit einer unbewussten ‚Verschmelzungssehnsucht' zu tun, die in jedem
Menschen wohnt, und die ein mit der Liebe vermischtes
Todesbegehren darstellt.[21] Es will etwas wiederholt werden, was im Leben noch nicht zum Zug gekommen ist,
nicht gesagt, nicht eingestanden und enthüllt worden ist.
Es wird zwar unendlich viel davon geredet, aber nichts
wirklich vermittelt. Kurz: es geht um etwas versteckt
Erotisches, auch Aggressives, das brisant klingt und offensichtlich ein bisschen differenzierter ist als all die
modernen Phrasen zu Liebe und Sex es an sich haben.

Bevor ich versuche letzte, direkte und damit eben mathematische Klarheit in den Eros zu bringen, füge ich
hier das erwähnte, kurz gefasste Kapitel zum Verfahren
der von mir entwickelten ‚Selbstpraxis' ein: eine

---

[20] Lacan, J., Die Übertragung, Seminar VIII, Sitzung vom 15. 5. 61
[21] Lacan, J., Seminar VIII, Passagen-verlag (2008) S. 234

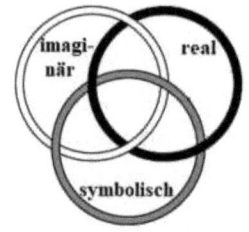

trockene, nicht erotische Lektüre, aber Frauen haben mir geraten, es so zu machen. Der Bezug zu den konkreten Aspekten des Verfahrens ist dann beim weiteren Lesen auch einfacher herzustellen, auch wenn es ohnehin nur um die Spiegel- und Echodiskurse gehen wird, die an anderer Stelle meist als Bild-, bzw. Erscheinungs- und Wort-Wirkendes bezeichnet habe. Ich folge damit der Nomenklatur Lacans, der von imaginären (Spiegel, Bild) und symbolischen (Wort, Sprache) Signifikanten spricht, wenn er die Grund-Kräfte, -Triebe, aus einem letztlich phonematisch, lexikalisch ‚Wirkenden' heraus entwickelt.

Das ‚Wirkende' nennt Lacan auch das Reale, das in einem Knoten (Abb. links) mit dem Imaginären und Symbolischen verknüpft ist. Es gibt also ein unbewusst Imaginär-Reales und ein Symbolisch-Reales (mein Erscheinungs- und Wort-Wirkendes) auch wenn man es mit Bewusstem vermischen kann, Letztlich existiert ein Rest vom Realen, vom scheinbar Unerreichbaren, an das man immer wieder als hartnäckigen Widerstand stößt. Ich würde die Liebe dem Symbolischen, den Sex dem Imaginären zuordnen, und das Reale als das ansehen, wie beides gelungen, reif, gültig verbunden werden kann, obwohl es harten Widerstand bildet.

2. *Analytische Psychokatharsis*

Die also von mir empfohlene ‚Selbstpraxis', Selbsttherapie, soll diesen harten Widerstand überwinden helfen.
Sie ist – wie die Überschrift des Kapitels zeigt – durch
eine Verbindung von Psychoanalyse als analytischem
und Meditation als kathartischem Teil zustande gekommen. Ich hatte dies in etlichen Büchern dargestellt, aber
immer an den Schluss gesetzt. Jetzt also anders herum.
In der Psychoanalyse sind die Grundkräfte (Triebe) psychisch nicht direkt (als ‚Primärvorgang') repräsentiert,
sondern nur durch sogenannte, innerliche ‚Vorstellungsrepräsentanzen' zu erfassen, unbewusste Zustände, die
Lacan – Freuds Auffassungen verbessernd und von mir
jetzt aufgegriffen – als Repräsentanzen des *Schau-* (bild-
hafter Wahrnehmungs-) und *Sprech-* (worthafter Entäu-
ßerungs-) Trieb bezeichnet hat. Schon hierin kann man
wieder den Spiegel- und Echo-Diskurs heraushören,
über den ich eingangs ein paar Bemerkungen gemacht
habe. Nun gehen diese an ihre spiegelnden und widerhallenden Vorstellungsrepräsentanzen gebunden Triebe
verschiedene Kombinationen miteinander ein oder bil-
den Teiltriebe, deren Auswirkungen vom Psychoanalytiker anhand der ‚freien Assoziationen' interpretiert werden können.

In der Meditation geht man jedoch umgekehrt vom ‚Primärvorgang' dieser Grundkräfte bzw. deren Reprä-

sentanzen aus, wo nicht von vornherein eine Fixierung auf das Bild-, bzw. Erscheinende und Worthafte gegeben ist, sondern darauf gewartet wird, bis sich die Phänomene beider Triebe unmittelbar und von

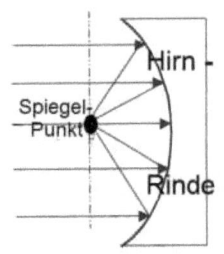

selbst zeigen. Spiegel- und Echodiskurs melden sich sozusagen autonom. In einem völlig abgedunkelten Raum wird man (evtl. mit zusätzlich geschlossenen Augen) sehr bald ein Schimmern, Helligkeitserscheinungen (Lichtpunkte) oder ein wie leicht ‚durchrieseltes‘ Körperbild wahrnehmen, das von dem visuellen Schnittpunkt, Spiegelungspunkt, all der sich in der Konkavität des Gehirns treffen Sinnesbahnen besteht. Die Abbildung rechts oben zeigt die der Schädelbasis aufsitzende Halbkugel als reflektierende Nervenzellschicht, die vom Körper oder auch von Erinnerungen her kommenden unbewussten Sinnes- oder Nervenströme im Spiegelpunkt bündelt. Lacan sprach hinsichtlich dieses ‚Primärvorgangs‘ des Schautriebs von einem ‚ultrasubjektiven Ausstrahlen‘, das ich weiter vereinfacht ein ‚Es *Strahlt*‘ nenne. Es hat einen fast halluzinatorischen Charakter, erfüllt aber eine wichtige Funktion.

Dieses ‚Es *Strahlt*‘ des Schautriebs steht nämlich dem gleichwertigen ‚Primärvorgang‘ des Sprechtriebs gegenüber. In einem völlig schallgeschützten und auch schallschluckenden Raum kann man schon nach kurzer Zeit einen Laut oder Ton oder Ähnliches vernehmen, wie es auch der Wissenschaftsredakteur S. Schramm von Experimenten eines Akustik-Technikers als ‚Klang des Nichts' schilderte.[22] Die im Körper wie Echos zurückgebliebenen Sprech-, und Entäußerungsvorgänge werden also laut, was ich verkürzt als ein Es Verlautet, ‚Es *Spricht*' bezeichnet habe. Manche Psychoanalytiker benennen es auch als psychisches (innerlich gespeichertes) Klang-objekt.[23] Andere wie die Psychoanalytikerin D. Birksted-Breen sprechen ebenso von derartigen seelischen Echovorgängen, indem zwischen dem Reverie-Geplapper der Mutter und den ‚widerhallenden' Antworten des Kindes eine erste gemeinsame Identität, eine erotische Verschworenheit als ‚Widerhalleffekt' entsteht. Damit ist noch keine perfekte Sprache erreicht, aber doch eine beginnende symbolische Ordnung. Damit sind das ‚Es *Strahlt*' und das ‚Es *Spricht*' – so sonderlich sich das vorerst anhören man – zwei wichtige Funktionen, bei denen es nun entscheidend darauf ankommt, wie sie kombiniert (Freud sprach von legiert) sind.

Der Psychoanalytiker fungiert dann am besten, wenn er Experte dieser Kombination bzw. des Legierens und der Tautologie ist. Dabei betrifft die Tautologie seine Art

---

[22] Schramm, S., Der Klang des Nichts, SZ vom 7. 11. 2016, S. R7
[23] Maiello, S., Das Klang-Objekt, PSYCHE Nr. 2 (1999) S. 137-157

mathematisch vorzugehen. ‚Krieg ist Krieg' könnte z. B. eine Art der Tautologie sein, die keineswegs unsinnig ist. Jeder versteht sofort, dass mit dem zweiten Wort Krieg eine viel dramatischere, brutalere, heftigere Aussage entsteht, indem durch diese Verdopplung nunmehr der Schrecken und das Unabwendbare des Entsetzlichen zu hören ist. Es ist der Schnitt zwischen Krieg und Krieg, der trennt und auch verbindet, indem das Furchtbare hereinschneidet und doch auch durch Tautologie verbunden wird. Nun sollte der Psychoanalytiker das, was der Patient sagt, ihm ebenso gedoppelt, also im Sinne einer Tautologie, wieder zurückgeben.

Lacan erwähnt dank der Homologie (einer linguistisch verbrämten Tautologie) im Französischen zahlreiche Beispiele: mais comment? (aber wie?) – mecomment (Empfehlung). Das klingt homo-, tautologisch, völlig gleich, meint aber zwei ganz andere Dinge. Freilich ist es schwierig und praktisch unmöglich, jeder Äußerung des Patienten mit solch einer Tautologie zu entsprechen. Aber in der *Analytischen Psychokatharsis* ist dies möglich, denn die *Formel-Worte*, die hier eine wichtige Funktion haben und die ich gleich beschreiben werde, bestehen aus Schnitten, die ins Unbewusste eindringen und dort etwas, zumindest rein strukturell, scheinbar Tautologisches hervorbringen, was ich Identitäts- bzw. *Pass-Worte* nenne. Sie haben nämlich mit der Identität des Betreffenden zu tun, der das Verfahren übt.

Im Verfahren der *Analytischen Psychokatharsis* meditiert der Proband nicht nach irgendwelchen ideologischen, neuropsychologischen, religiösen, ,spirituellen' oder rein herkömmlich psychotherapeutischen Vorgaben. Vielmehr steht der Bezug zu diesen zwei Grundelementen des ,Es *Strahlt*' und des ,Es *Spricht*', also zu den generellen Spiegel- und Echo-Diskursen, im Zentrum der meditativen Übungen.[24] Die Methodik unterscheidet sich damit generell von allen ähnlichen Verfahren. Generell heißt auch, dass dieses Doppelprinzip, diese Zwei, sich in vielen Disziplinen nachweisen lässt (es besteht sozusagen von sich aus), wie ich noch weiterhin zeigen will. Es stellt also eine geeignete, gute Basis, wenn auch rein theoretischer Art, dar.

Was die Praxis angeht, sitzt man nunmehr in bequemer Haltung und wiederholt in einer **ersten** von zwei Übungen rein gedanklich langsam hintereinander zwei, drei oder bis zu fünf sogenannter *Formel-Worte* (in der Abb. nebenan ist ein solches im Kreis geschrieben, was ich sogleich weiter erläutern werde), während man gleichzeitig darauf achtet, ob etwas auftaucht, das – auch nur irgendwie – den Charakter eines ,Es *Strahlt*' hat. Es sind also zwei Aspekte

---

[24] Als reine Zwei ist sie den Verdopplungen von Genen/Me-men, und von Algorithmen überlegen, Begriffen, die das Mathematische nur überdecken.

zugleich zu beachten: das Zulassen des visuellen ‚Primärvorgangs', eines Luziditätspunktes oder eines ‚Durchrieseln' im Körperbild,[25] also alles was irgendwie dem Charakter eines ‚Es *Strahlt*' entspricht, und gleichzeitig dabei
das langsame, fast monotone Wiederholen der *Formel-
Worte,* die zuerst einmal in rein f o r m a l e r Weise das
Es *Spricht* ins Spiel bringt. Beides schaukelt sich gegenseitig auf, so dass eine sehr deutliche Entspannung, eine
Katharsis, ein befreiendes Gefühl auftritt.

Die *Formel-Worte* sind rein instrumental-formale Ausdrücke, die es in der üblichen Sprache so nicht gibt. Damit
präjudizieren sie nichts und sind doch wissenschaftlich
aufgebaut. Sie enthalten nämlich mehrere Bedeutungen in
einem einzigen Wort- oder Schriftzug, dessen Wesen am
besten sichtbar wird, wenn sie im Kreis geschrieben sind,
wie ich es in der obigen Abbildung zeige. Verwendet ist
die lateinische Sprache, die sich besonders gut dafür eignet, es könnten aber auch andere Sprachen benutzt werden. Nach einzelnen Buchstaben finden sich die Schnitt-
bzw. Überlappungsstellen (Linien in der Abbildung), von
denen aus gelesen jeweils die verschiedenen Bedeutungen
ersichtlich werden. Drei Schnittstellen würden genügen
(hier sind es mehr), da das Unbewusste, das durch solch

---

[25] Wohl fast jeder kennt diese atavistische Erfahrung des Durch-
schauerns, Durchrieselns z. B beim Hören eines besonders bewegenden Musikstückes.

mentales Wiederholen angeregt wird, nicht mehr als bis drei (eins, zwei und mehr) zählen kann. Sie greifen ins Unbewusste ein, das genauso geformt ist (Lacan: Unbewusstes ist andere Sprache).

Nochmals: während man bei den üblichen Meditationen dasitzt und die Gedanken wegschiebt, bis schließlich – wie vorhin geschildert – ‚Luziditätspunkte‘, entspannende Katharsis oder Ähnliches auftaucht, wird dieser Vorgang durch das gedankliche Wiederholen von *Formel-Worten* abgesichert und wesentlich erleichtert. Das *Formel-Wort* E N S C I S N O M (könnte auch I S N O M E N S C I geschrieben worden sein) muss also im Uhrzeigersinn gelesen werden. Geht man einmal vom M oben links aus, so heißt MENS CIS NO, der Gedanke diesseits, innerhalb von No (nein), vom N ausgehend: NOMEN SCIS, du kennst den Namen, vom O aus: O-MEN SCIS N, du kennst das Omen N, weiter: CIS NO, MENS, diesseits schwimme ich, oh Geist, ENS CIS NOM, das Ding diesseits von Nom, C IS NOMEN S, hundert dieser Name S, usw. So unsinnig einzelne der Bedeutungen auch sind, sie sind doch grammatikalisch und syntaktisch normal und sogar auch semantisch in Ordnung.

Der Sinn dieser Formulierung besteht ja gerade darin, dass sie keinen vordergründigen Sinn schon parat hat, denn man kann und soll sich auf keinen das Bewusstsein und den Verstand fixierenden Sinn festlegen. Es verhält sich so, als würde man alle Gedanken wegschieben, was jedoch nie ganz gelingen kann, und so erleichtert die Stütze einer Art von ‚Null-Gedanken‘ den Meditations-vorgang wesentlich. Schließlich sind ja die einzelnen Bedeutungen derart disparat, in ihrer Bedeutung also so weit voneinander getrennt, so dass man nicht einmal aus drei von ihnen einen zusammenhängenden Sinn heraus-lesen könnte. Das ist besonders wichtig, denn beim ‚freien Assoziieren‘, bei den spontanen Gedankeneinfäl-len in der psychoanalytischen Sitzung, wird oft zu schnell ein Sinn aus den disparaten Bedeutungen heraus-gelesen, und so dringt man nicht bis tief ins Unbewusste vor. Dies gelingt durch das monotone Wiederholen der *Formel-Worte* besser (es muss dann freilich auch anders gedeutet werden).

Die Bedeutungen im E N S C I S N O M stellen also perfekt diese linguistische Struktur dar, die Lacan auch einen ‚linguistischen Kristall‘ nannte, also ein ‚Es *Spricht*‘ (linguistisch), ‚Es *Strahlt*‘ (kristallin) und um-gekehrt. Es handelt sich um Sprache am Rande von Spra-che, ist aber eben dadurch ein gerade kompakter, kon-kreter, bis zur Unkenntlichkeit hin vereinfachter Spie-gel- Echo-Diskurs, innerpsychisches *Strahlt / Spricht* - Objekt. Kurz: Das Kristalline, Spiegelnde, wird durch das im Kreis Gezeichnete dargestellt, während die ge-brochenen Buchstaben das Linguistische vermitteln. So besitzen sie genau die Signifikanz und Schnittstellen im Unbewussten. Eine Überlappung von Bild und Buchstaben, von Zeichen und Signifikanten spielt im Drehkreuz des Unbewussten exakt diese Rolle, was bekanntlich bei Versprechern, im Traum oder bei sogenannten Fehlleistungen erkennbar wird. Aber was macht man damit? Damit fügt man das *Strahlt* und *Spricht* in geeigneter, optimaler Weise zusammen.

Denn in dem erwähnten psychokathartischen Verfahren (das ich im Anhang nochmals kurz beschreiben werde) werden Spiegel- und Echo-Diskurs nach psychoanalytischen Kriterien ineinander verwoben, und als solch verwobenes Element meditativ (Betonung der Praxis gegenüber der sonst üblichen Theorie) eingeübt. Es ist verständlich, dass durch das monotone rein geistige Wiederholen dieser Formulierungen das *Strahlt*-Phänomen begünstigt wird, was wiederum die Wiederholungsarbeit fördert. Beides, innerliches Wahrnehmen des *Strahlt* und rein mentales Wiederholen der *Formel-Worte* schaukeln sich gegenseitig auf. Es wird zu einer Art von Katharsis, Entspannung, Helligkeitserscheinung, Körperdurchrieseln oder ähnlichem kommen, das also alles mit dem ‚Primärvorgang' des Schautriebs, mit dem Phänomen eines ‚Es *Strahlt*' zusammenhängt. Lacan spricht diesbezüglich auch von der Luzidität einer ‚ultrasubjektiven Ausstrahlung.

Erst in einer **zweiten** Übung kommt durch Konzentration anderer Art eine Antwort (*Pass-Wort*) auf diese erste Übung – und damit die endgültige Verwobenheit – zustande. Dieser andere, zweite Teil besteht darin, dass das Unbewusste auch ein den *Formel-Worten* ganz analoges ‚Es *Spricht*' in sich birgt, so dass man den ‚Primärvorgang' des Sprechtriebs, den Laut, Ton wahrnehmend bis hin zu einem Sprechen mit dem Unbewussten gelangen kann. Denn das Unbewusste – ist es doch genauso wie kristallin eben auch sprachlich, linguistisch aufgebaut – wird durch einen gleich strukturierten, gleichermaßen aufgebauten rein formalen Sprachkörper, durch gedankliches Wiederholen eines *Formel-Wortes* provoziert, etwas Eigenes und durch die Schnittstelle jeweils Tautologisches als *Pass-Wort* herauszugeben. Und eben dies muss man auffangen, erfahren und heraushören können, was den analytischen Teil des Verfahrens vermittelt.

Nachdem eine Katharsis oder Ähnliches erfahren wurde, konzentriert man sich also in dieser zweiten Übung auf den innerlichen Laut, das Es Verlautet, den ‚Klang des Nichts', das ‚Es *Spricht*'. Auch wenn es nicht gleich druckreif spricht, kommt es doch zur Erfahrung, Wahrnehmung von ‚ultrareduzierten Phrasen' wie Lacan es ausdrückt. Es handelt sich um Laute, Worte, kurze Sätze, oder eben *Pass-Worte*, Identitätsvokabeln, denn sie verhalten sich wie die Deutungen des Psychoanalytikers, der aus der ‚Übertragung' oder den Phrasen eines

Traums heraus, eine Interpretation zur Identität seines Patienten gibt, wenn dies auch dort, also in der herkömmlichen Psychoanalyse, tautologisch nicht perfekt ist. Das Unbewusste kann nicht – wie ich erwähnte - selbst druckreif reden, aber es kann sich sprachartig ausdrücken. Es kann sich hieroglyphisch, logisch, wenn auch scheinbar rätselhaft logisch ausdrücken. Denn das Ganze spielt sich zwischen Vorbewusstem und Unbewusstem ab. „Das Vorbewusste begegnet den Worten da, wo es sie nicht kontrolliert! Von woher kommen sie ihm zu? Exakt vom Unbewussten, wo sie verdrängt parat liegen."[26]

Hier ein Beispiel: Einer meiner Patienten hatte beim Üben der *Analytischen Psychokatharsis* plötzlich die Eingebung oder den ihm selbst wie von weit her kommenden Gedanken: „Hab einen Taubheitsanspruch"! Taubheitsanspruch? Was soll das heißen? Plötzlich war wie aus dem monotonen Gemurmel des *Formel-Wortes*, wie aus einem Zustand kurz vor dem Einschlafen, die Phrase vom „Taubheitsanspruch" herausgeklungen. Doch nach einem kurzem Erstaunen war ihm sofort klar, was gemeint war: Man muss nicht immer alles hören und in sich tief hineinnehmen, was man sagt oder was so verlautet. Und vor allem für ihn selbst hatte es einen besonderen Sinn, denn er war jemand, der sich immer alles bis

---

[26] Lacan, J., Autres Ecrítes, Ed Seuil (2001) S. 222

zum Geht-nicht-mehr anhörte. Auf der anderen Seite redete er sich jedoch auch oft um Kopf und Kragen. Er konnte sich schlecht verteidigen und kam mit einem Zuviel an Lauten und Geräuschen nicht zurecht.

Jedenfalls spürte er ganz deutlich, dass das *Pass-Wort* „Hab einen Taubheitsanspruch" dieser seiner Problematik galt. Gerade dieses eigene, unbewusste, persönliche *Spricht* erschien ihm unmittelbar den Punkt seines Komplexes in bildlich-worthafter Art zu treffen. Zudem: Es war trotz allem sein eigener Gedanke gewesen! Das machte es besonders wertvoll. Hätte es ihm jemand anderer erzählt, dass er die Wahrheit in sich suchen muss und ihm etwas gefaselt, dass er sich all dem Gerede gegenüber taub stellen soll, hätte ihn das nicht sonderlich beeindruckt, sondern eher befremdet. Er hätte gedacht, derjenige will mich schon wieder einmal zu irgendetwas sehr Sonderbarem, Verrücktem bekehren. Sicher kann so ein Ausdruck wie das Wort „Taubheitsanspruch" auch einmal von einem Dichter oder Philosophen erdacht worden sein und vielleicht hat es auf den Leser eine Wirkung. Doch selbst gehört hat es etwas Tautologisches.

Aber niemals wird diese Wirkung so stark sein, wie wenn sie aus dem eigenen Inneren kommt und auch noch intellektuell einleuchtend ist, weil sie einen direkten *Strahlt / Spricht* - Charakter für den Betreffenden hat.

Denn das *Spricht* des *Pass-Wortes* stellt sich auf dem Höhepunkt des *Strahlt* der ersten Übung ein. Damit habe ich das Wesen des von mir inaugurierten Verfahrens einer zu Erkenntnis führenden ‚Selbstpraxis' in groben Zügen geschildert. Im Folgenden will ich versuchen von verschiedenen Seiten her bessere Begründungen und ein erweitertes Verständnis für die Methode zu beschreiben. Die Praxis mit den zwei Übungen ist relativ leicht zu erlernen, es ist jedoch auch wichtig, alle Zusammenhänge aus meditativer und psychoanalytischer Sicht heraus verstanden zu haben. Nur ein zusätzliches intellektuelles Verständnis kann die Sicherheit und Klarheit geben, die bei tieferem Eintreten in die *Analytische Psychokatharsis* notwendig sind.

3. Identität

Nunmehr also einiges zum Wesen des Eros, der im ersten Kapitel ja so schlecht weggekommen ist, als nicht vermittelbar, nicht identitätsstiftend und ständig nur irgendwie fehl am Platz. Erst vor kurzen veröffentliche K. Adler ein Buch über ihre Urgroßmutter Ida Bauer, die unter dem Pseudonym Dora bei S. Freud in Behandlung war und als eine der bekanntesten seiner Falldarstellungen gilt.[27] Dora alias Ida schilderte Freud unter anderem einen Traum, in dem das Haus brennt, Doras Mutter aber noch schnell ihr Schmuckkästchen retten will. Der Vater aber vereitelt dieses Vorhaben, „weil er und seine Kinder doch nicht wegen dieses Kästchens verbrennen wollen."

Freud deutet das Kästchen als das weibliche Genitale und Gefäß, das das Männliche aufnehmen soll, und so zeigt der Traum, dass der schon in Doras Kindheit entstandener Konflikt der Eltern auch ihr eigener ist (klassischer Fall eines unbewussten Spiegel-Echo-Diskurses). Tatsächlich gab es keine Liebesbeziehung zwischen den Eltern mehr und Dora spielte in der Therapie immer wieder mit ihrem Täschchen (Kästchen). Freuds Deutungen konnten Doras (Idas) Symptome bessern, dennoch verließ sie vorzeitig die Therapie. Die Urenkelin will dies aber ganz anders sehen. Sie meint, Ida habe

---

[27] Adler, K., Ida, Rowohlt (2018)

die Deutungen verständlicherweise als zu sexuiert abgelehnt und sei eine selbstbewusste Person auch ohne weitere Therapie geworden. So ganz stimmt diese Version jedoch nicht.

Ida kam später nochmals zu einer Besprechung zu Freud zurück und bestätigte, dass er ihr geholfen habe. Sie hat sicher von daher, aber auch aus eigenen Impulsen heraus ihre weibliche Identität gefunden, deren Charakter die Urenkelin selbst als unbequem und schräg (wenn auch als emanzipatorisch) beschreibt.[28] In ähnlicher Weise hat die Autorin D. Keuler versucht, Fontanes ‚Effi Briest‘ umzuschreiben. Dass Fontane in seiner „Effi Briest einen Frauentyp schafft, der – wie er sagt – „wie alle meine Frauen einen Knacks weghaben", heißt für Keuler, dass der Autor hier seine eigene Frauenproblematik hereinbringt: so lässt sie Effi Briest nicht als Ehebrecherin unglücklich werden, sondern „die Frau verlässt ihren Mann und findet wahres Glück in den Armen einer Freundin!"[29]

Die Autorin favorisiert also eine lesbische Lösung, die in die Zeit und in die Geschlechterauffassung Fontanes wohl kaum hineingepasst hätte, auch wenn sie sicher recht hat, dass er eine deutliche Frauenproblematik hatte.

---

[28] Spiegel online vom 30. 7. 2018
[29] Keuler, D., Ein offener Brief, in Buchforum Nr.X, S. 49 (siehe auch den Roman der Autorin)

Zudem ist das reale Vorbild der Effi Briest, Elisabeth Baronin von Ardenne, nachdem sie im Alter von fast 100 Jahren gestorben war, nicht aus lauter Unglück so alt geworden. Natürlich war Fontane ein patristisch-pater-naler Typ und Freuds sexualwissenschaftliche Sprache ebenso universitär abstrahiert, aber was ist jetzt an den Frauenschicksalen wirklich dran? Was ist die weibliche Identität, was die Liebe zwischen Mann und Frau? Man kann deutlich sehen, wie Imaginäres (Spiegel) und Symbolisches (Echo) sich signifikant, wenn auch unterschiedlich, vermischen, aber was ist das Reale dieser Frauen? Wo ist die Mathematik ihres Eros?

Bei Lacan bedeutet die Formel $\forall x \Phi x$ „die Forderung der Frau, dass der Mann ganz ihr gehöre, weil es die Natur einer Frau sei, eifersüchtig zu sein."[30] Das erinnert fast wieder an Proudhomme, den ich eingangs als Machotypen und verliebt in seine Schwester dargestellt habe. Doch so mathematisch und verrückt wie mit der Formel $\forall x \Phi x$ muss man es nicht sagen. Auf jeden Fall wird die Thematik des Eros bei den Frauen spannender als bei

---

[30] Das $\forall x \Phi x$ und zusätzlich $\exists x \Phi x$ ist eine Schreibweise der Quantorenlogik, ein Beispiel für Lacans Vorgehensweise. Diese wird von den sogenannten Lacanianern emsig kopiert, weil ihnen nichts Eigenes einfällt. Alle, Männer und Frauen (Allquantor $\forall$) unterliegen der gleichen Sexuierung, es könnte aber einen geben, der davon ausgenommen ist (Existenzquantor $\exists$), ein Ur-Vater, der generelle Eine, der universell *Andere*.

den Bewusstseinsphilosophen sein, denn es wird sichtbarer, dass man sich um Fragen des Wesens der Weiblichkeit mehr im Sinne einer Philosophie des Unbewussten kümmern muss. Bildhafte Zeichen und worthafte Signifikanten stehen eben stets einem geheimnisvollen Realen gegenüber, und dafür kann man einfachere und eingängigere Formeln finden. Ob der Freudsche Eros allerdings dafür so geeignet ist?

Man kann die Lacansche Formel $\forall x \Phi x$ erst einmal so stehen lassen. Denn als Formel bezieht sie sich nicht unbedingt auf ein Kausales, sie kann beides meinen, Kausales und Finales, und das ist der große Wert der Mathematik. Nicht nur verursacht das Besitzverlangen der Frau die Eifersucht, es fördert auch die Familiengenese und das von Freud ins Zentrum seiner Lehre gestellte Inzesttabu Vom Eros der Mathematik, der auch in diesen Generations-Geschlechter-Regeln besteht, hat schon mancher gesprochen, der die in dieser Wissenschaft herrschende eigene Faszination betonen wollte. So beispielsweise N. Lossau in der ‚Welt Digital' vom 2. 8. 2018, wo er sich auf die Fields-Medaille des Mathematikers P. Scholze bezieht und die geistig-kulturelle Bedeutung von dessen Arbeit gegenüber der technisierten, computergesteuerten Maschinerie herausstellt. Aber auch eine Aufgabe nur durch Zahlenkombinationen zu lösen, oder auch an Zahlen orientierte Rätselspiele wie etwa Sudoku kombinatorisch zu bewältigen, machen Spaß und heben den Eros in eine geringere Problemzone.

Sudoku reizt mit einem fast erotischen Glücksgefühl, wenn man es gelöst hat. Doch gleichzeitig löst es der Computer in Null-Komma-Nix, es handelt sich bei Sudoku nämlich um das perfekte Fachidiotentum, wie es ja auch bereits beim Schachspiel der Fall ist. Um zu dem Sudoku auch noch ein Schachspiel zu gewinnen, muss der gleiche Computer eine zweite Fachidiotie erlernen und auch mit weiteren Kenntnissen wird er immer nur seine Schmalspurintelligenzen nebeneinander stapeln und nie den kombinatorischen Überblick haben, wozu das alles gut ist. Genau dies kann nur der Mensch, und deswegen soll es in diesem Buch andersherum gehen, nämlich um die Mathematik, um die Wissenschaft des Eros selbst und der in ihr spannenderen Frage nach der Weiblichkeit.

Der berühmte Satz des Sokrates, zu „wissen, dass er nichts weiß", ist als Ausdruck origineller Philosophie allseits bekannt.[31] Doch er wird im Originaltext noch verlängert durch die Aussage, dass er nur etwas von den μάθηματα ερστικα (mathemata erotika), von den erotischen Mathemen weiß und verstünde, und eben von sonst nichts. Das Wort μάθημα (mathema) heißt

---

[31] Allein solch eine Aussage kann der Computer (die KI) niemals machen, denn er strotzt vor Wissen, sonst wäre er tot.

Erkenntnis, Lernen, Erfahrung, Wissenschaft, Lehre und Kunst, kurz: alles, in dem die Philosophie des Sokrates gipfelt, jedoch insbesondere durch ihre erotische Färbung. So etwas klingt sehr nach Freuds Libido-Theorie, bezüglich der die Welt durch und durch erotisiert ist, und könnte somit ein guter Ausgangspunkt für dieses Buch sein, auf den man immer wieder zurückgreifen kann. Denn wo die Natur sich mit Wachsen und Vermehren beschäftigt, zielt das menschliche Verlangen auf die Matheme.[32]

In einem dezidierten Bericht schildert der Autor G. Böhme, dass Sokrates den damaligen "Erotiker" schlechthin verkörperte, dessen Liebe verwirrend ist, den weisen Narren, den skurrilen Helden,[33] aber auch den sinnlich Starken und menschlich Großen. Wie Platon in seinem Buch ‚Phaidros' schreibt, wusste sich Sokrates dem „philosophisch manischen Eros" unterstellt, der einzig wahren Lebensform, "die das Leben lediglich dem Eros mit philosophischen Reden widmet."[34] Von den Flügeln des Eros getragen — so lässt Platon im ‚Phaidros' Sokrates zu Wort kommen — muss der Wagen der Seele, der von einem wild-störrischen und einem

---

[32] Auch wenn die Matheme so etwas Ähnliches wie die Algorithmen sind, haben sie doch nicht diesen abstrakt-theore-tischen Charakter, sondern sind lebendigster Diskurs.
[33] Böhme, G., Der Typ Sokrates, stw (1992) S. 20 und 76
[34] Platon, Phaidros, Piper (1989) S. 53 und 85

stark-schönen, ebenfalls geflügelten Pferd gezogen wird, in der richtigen Weise gelenkt werden. Platon beschreibt ausführlich, wie Sokrates den um einiges jüngeren Phaidros auf einem Hügel außerhalb Athens traf, um mit ihm darüber zu philosophieren.

Sie setzten sie sich unter eine breite schattenspendende Platane und schwärmten von deren Blättern und von dem Gras, das sie das herrlichste nannten, was es gibt, um sich am sanften Abhang hinzulegen. Und schließlich kamen sie noch auf den Chor der mittelmeerischen Zikaden zu sprechen und lobten den Wohlgeruch (euodes) und das kühlende Wasser des vorbeiströmenden Baches. Letztendlich fingen sie an vom Eros und vom ‚göttlichen Wahnsinn‘ zu reden, von dieser philosophisch-erotischen Manie (mania), in die man so oft es geht eintauchen muss, um die ganze Wahrheit zu wissen und den Seelenwagen richtig zu lenken.

Doch Böhme schreibt auch, Sokrates hätte die Knaben geliebt: „Ganztägig treibt er sich im Lykeion und auf den Sportplätzen herum, bringt sein Leben hin, versteckt im Winkel mit drei bis vier Jungens flüsternd. Kein Treffen ohne Flirt, kein Gespräch ohne Anspielung." Sokrates ist den Schönen erlegen,[35] aber ein Päderast war er nicht. Bekanntlich wurde eine gewisse Form der Liebe zu

---

[35] Platon, Menon, Insel Verlag (1991) S. 28

älteren Knaben im antiken Griechenland in bestimmten Gesellschaftskreisen toleriert. Doch Alkibiades, der jugendliche Star, der intellektuell fitte und körperlich wohlgeformte Liebling der Athener, schilderte, wie er sich Sokrates als ‚eromenos‘, als Geliebter anbot, doch dieser lehnte dankend ab. Sokrates redete ständig vom Eros, aber in der Praxis der Knabenliebe hielt er sich zurück, ein pädophiler ‚erastes‘, ein Kinder-Liebhaber, wollte er nicht sein. Schließlich ließ er ja auch eine Frau, die Diotima aus Mantineia, in Platons Gastmahl sagen, was es mit dem Eros wirklich auf sich hat.

Durch den „philosophisch manischen Eros" gestärkt glaubt Sokrates an die Unsterblichkeit der Seele, an das ‚Athanatos‘, und so gesehen war er schon ein gewisser Vorläufer Freuds, der ebenfalls dem Eros-Lebenstrieb den ‚Thanatos‘, den Todestrieb gegenüberstellte. Sokrates argumentierte allerdings optimistisch und überzeitlich, während Freud These zu pessimistisch und zeitlich eingeengt ausfiel. Das Sokratische ‚Psyche pasa athanaton‘ hat man mit ‚Jede Seele ist unsterblich‘ wiedergegeben. Aber ‚pan‘, ‚pasa‘ heißt auch ‚ganz‘, ‚alles‘ ‚in Gänze‘. Als Ganzes ist die Seele unsterblich, in ihrer Gänze, in ihrer Allheit. Bei den alten Griechen gab es keine individuelle, ichbezogene Seele. Die Seele war etwas Übergeordnetes so wie bei den Buddhisten, die vom seelisch Guten als dem ‚Überselbst‘ sprechen, um das Wort Gott zu vermeiden.

Bei Freud dagegen ist das Seelenleben doch sehr dem Biologischen verwandt, so dass der Literaturkritiker E. Goebel schrieb: „Wenn die Strebung zu Destruktion und Tod tatsächlich ein Trieb ist, aktiv und dynamisch, dann zwingt ein solches Konzept miteinander legierter Eros- und Todestriebe zu viel Verzicht und Askese und mündet in Pessimismus."[36] So sei das Konzept eines autochthonen Genießens, das Freud doch selbst mit dem Begriff eines ursprünglichen Autoerotismus in allen Lebewesen vermutete, aber auch mit der Betonung des menschlichen Eros aufgriff, gründlich vermasselt. Heute sagen allerdings die meisten Psychoanalytiker, dass die Destruktion, die Aggressivität, durch die frühesten Formen der Identifizierung bewirkt wird und kein eigener Trieb ist, der den Tod anvisiert.[37] Identität und Aggressivität, Spiegel und Echo stehen sich irgendwie grundsätzlich gegenüber.

So findet man auch bei Sokrates das Spiegel- und Echo-Diskursive wieder. Sokrates gab sich vor allem einer bestimmten Art von Meditation hin, nämlich einer Konzentration auf einen inneren beschwörenden stimmlichen ‚Laut', in den er sich vertiefen konnte wie in eine

---

[36] Goebel, E., Jenseits des Unbehagens, transcript (2009) S. 10 – 14

[37] Das positiv Identifizierte kommt ins Ich, das negative ist aggressiv abgespalten.

Art inneren Zwiegesprächs und das er sein ‚Daimonion'
(etwas Echo-Diskursives) nannte. Manchmal blieb er in
dieser Meditation plötzlich wie angewurzelt auf einem
Bein stehen und verharrte so eine Zeitlang (in einer Spie-
gelposition). In Platons Symposion (Gastmahl) erweist
sich Sokrates auch tatsächlich als Psychoanalytiker, der
bei seinem Patienten den Anspruch auf den Trieb, auf
das eigentliche Begehren (das Echo auf den Spiegel und
umgekehrt), zurückführen kann: als Alkibiades ziemlich
betrunken in das Symposion stürmte und in eine Lobhu-
delei auf Sokrates ausbrach, sagte Sokrates: „Du redest
doch nur deswegen so huldvoll von mir (wohinter der
Anspruch geliebt zu werden steht), weil du willst, dass
ich dir den Platz neben dem schönen Dichter Agathon
freimachen soll (homoerotisches Begehren). Doch daraus wird nichts."[38]

Lacan meint, dass Sokrates genauso wie Freud in ihren
vom Eros getragenen Philosophien vorwärts stürmen
mussten, weil ihnen auf Grund ihrer Ehen „der Rückweg
versperrt war." Freuds Frau war zu madamig, zu – wie
Analytikerkollegen sagten – ‚uxoriell', zu sehr ‚Frau Ge-
mahlin', hochgeschlossen, zugeknöpft. Also blieb Freud
der Rückweg in die allgemeine, erotische Praxis versperrt und so musste er dem Eros eine Wissenschaft wid-
men. Bei Sokrates war es die liebe Xanthippe, die den

---

[38] Lacan, J., Le transfert, Sem. VIII, edition seuil (1991)

Rückzug ins freie Leben nicht mehr zuließ. Sex habe mit ihr nur ein paar Mal stattgefunden. Angeblich zeugte Sokrates zwei seiner drei Söhne mit einer anderen Frau. Aber der Rückweg zur freudenreichen und lustvollen Liebesbeziehung im Rahmen einer Ehe war für immer unmöglich geworden. Es blieb nur der Vorwärtssturm in die ‚manisch erotische Philosophie‘.

Nun war Sokrates seiner Xanthippe nicht so negativ zugetan wie es immer behauptet wurde. Gefragt, warum er sie geheiratet habe, sagte er: „Ich habe das aus dem gleichen Grund geschehen lassen, warum diejenigen, welche gute Reiter werden wollen, sich nicht die sanftesten und lenksamsten Pferde, sondern lieber wilde und unbändige anschaffen ... ich legte mir diese Frau zu, weil ich gewiss war, wenn ich sie zähmen und ertragen könnte, würde ich mich leicht in allen anderen Menschen finden können." „Knödelargumente mit Suppenlogik" hätte Freud solche Rede genannt. In Wirklichkeit soll Xanthippe ja sehr viel jünger gewesen sein als Sokrates, und dies hat ihm wohl einige Zeit gut gefallen. Zudem soll sie reichlich Mitgift in die Ehe gebracht haben, was dem Eros nicht schaden muss.

Ganz anders und ganz unerotisch erscheinen einem heute viele moderne Philosophen. Autoren wie Damasio, Dennett, Pinker, Harari, Eagleman und viele andere dieser Kognitions-Wissenschaftler bringen in umfangreichen Büchern interessant und geistvoll den Eros völlig zum Erliegen. Der Allround-Philosoph D. C. Dennett erwähnt in seinem neuesten Buch das Wort Liebe, Eros, ja selbst Sex kein einziges Mal.[39] Er spricht bei den Lebewesen von einer biologischen bottom-up App der Gene, die übergeht in eine geistvolle Top-down App sogenannter ‚Meme'. Beide sind durch eine großartige Analogie verbunden, da sich beide gleichermaßen rekursiv erneuern. Die Gene tun dies kompetent, aber ohne jedes Verständnis, während die in der Folge durch ‚frei schwebende Grundprinzipien', Verhaltensformen und letztlich durch die Sprache zu Kompetenz mit mehr und mehr Verständnis gebrachten ‚Meme', bis zur künstlichen Intelligenz mit nunmehr vollem Verständnis führen können. So etwas kann allerdings zur Gefahr werden kann, wenn man die Grenzen nicht kennt. Hochintelligentes Bla-Bla das alles.

Die Meme sind nichts anders als Freuds ‚psychische Objekte', auf die sich der Eros-Lebens-Trieb stützt, um sein Befriedigungs-Ziel zu erreichen. So ist zum Beispiel das ‚Oral-Objekt', die Mundlust des Kleinkindes, immer noch stark verwoben mit dem Gaumenkitzel (oder Mem) des Gourmets. Die Meme sind also nichts neues, aber Dennetts Buch schwelgt in der Verständnislust, und

---

[39] Dennett, D. C., Von den Bakterien zu Bach – und zurück. Die Evolution des Geistes, Suhrkamp (2018)

dafür braucht es eben neue Namen und eine – sicher bewundernswerte – enorme Anzahl von Wissenschaftsbelegen, ohne am Ende dem Leser etwas Festes in die Hand zu geben. Ohne Fazit also. Nicht anders ergeht es einem mit dem ‚aufregendste Denker der Gegenwart‘, Y. N. Harari. Auch er schreibt Bücher voll hoher Intellektualität, in denen außer Allgemeinplätzen und einer Favorisierung von künstlicher Intelligenz und deren Algorithmen nichts gesagt wird.

Schon in seinem ersten Buch ‚Eine kurze Geschichte der Menschheit‘ erzählt er zuerst einmal nichts anderes als das, was schon lange vor ihm Bill Bryson in seinem Buch mit dem fast gleichen Titel ‚Eine kurze Geschichte von fast allem‘ beschrieben hatte. Allerdings deutet Harari schon hier an, was in den späteren Veröffentlichungen noch ausgearbeitet wurde, dass die Zukunft der Menschheit in der Verbindung mit der Bionik und der Künstlichen Intelligenz liegt. In seinem zweiten Buch ‚Homo Deus‘ wird die Weltgeschichte und der Mensch auf immer komplexer werdende Algorithmen reduziert. Gleich zu Beginn behauptet er, dass ganz am Anfang, nämlich „im animistischen Kosmos jeder mit jedem direkt geredet hat.“[40] Algorithmisch, versteht sich, denn Verbalsprachliches gab es noch nicht.

---

[40] Harari, Y. N., Homo Deus, C. H. Beck (2017) S. 129

Er meint auch, niemand könne beweisen, dass ein anderer so wie man selbst über Geist verfügt.[41] Was soll das heißen? Braucht es da wirklich einen Beweis, wenn man sich schon selber durch das Lesen bewiesen hat, was Geist ist? Auch Descartes meinte, er sei, weil er denke, aber musste er nicht schon sein, um das zu sagen? Die Menschen gehen bei Harari im Datenfluss auf, ob der nun Geist heißt oder Materie, ist egal, und so verhält es sich genau umgekehrt wie ich es eingangs mit Koestlers ‚Denken mit dem Hirn des anderen' beschrieben habe. Die Algorithmen denken ja für beide, für den materiell-biologischen und den geistig-seelischen Menschen, und zwar identisch und synchron. Den Anderen als solchen, den wirklich Anderen, den Anderen des anderen Geschlechts zum Beispiel, gibt es nicht mehr.

Dass man in einer Psychoanalyse nicht dem Datenfluss, sondern dem enthüllenden Spiel der Erosworte lauscht, und dass man sich intersubjektiv verständigen muss, bis klar ist, dass es sich bei allen, die dabei mitwirken um Geist handelt, weil sie die Wahrheit als Ursache anerkennen, ist Harari nicht bekannt. Er verbleibt in dem ständigen Spiel, in dem das Wissen stets nur programmatisch ist und sich die Frage nach seiner Wahrheit nicht stellt. Für ihn konstituiert sich das Wissen „nicht polar zur Beziehung auf die virtuelle Position einer zu

---

[41] Harari, Y. N., Homo Deus, C. H. Beck (2017) S. 166

erreichenden Wahrheit", ist das Wissen also der Wahrheit total untergeornet.[42] Die Worte Wahrheit, Liebe, Eros, Gefühl und viele weitere menschlich so wichtige Begriffe kommen im Register seines Buch überhaupt nicht vor.

Dies verhält sich bei dem Philosophen Ludwig Wittgenstein, dessen Schrift ‚Tractatus logico-philosophicus' mit dem Satz anfängt: „Die Welt ist alles, was der Fall ist," jedoch ganz anders. Er stellt nämlich die Philosophie dar, in der man sich selbst als Subjekt einbringt. Er führt diesen Anfang zwar in fast endlosen, immer komplexer werdenden logischen Schleifen weiter, und von Liebe und Eros findet sich auch bei ihm im gesamten Text kein Wort. Es ging ihm aber ausschließlich um die Wahrheit, die den Eros in seiner besonders chaotischen Form, beherzt, genial und insgeheim einschloss. Homoerotik spielte bei ihm wohl eine Rolle, und auch Liebe zu all den Armen und den im Leben Benachteiligten. Vor allem aber die Liebe zu dem, was noch hinter der Logik steht, die Liebe zu den wortverlorenen und wortvergessenen Menschen, kennzeichnete sei Werk. Demgegenüber sind die genannten Philosophen nur Neutrums.

Wittgensteins Vater war ein äußerst reicher Unternehmer, aber auch ein harter, rigider Erzieher. Drei seiner

---

[42] Lacan, J., Seminar I, Walter (1986) S. 214

Söhne brachten sich – wahrscheinlich im Zusammenhang mit ihrer Homosexualität – ums Leben. Zu einer eigenen Liebesbeziehung ist es bei Ludwig Wittgenstein wahrscheinlich nie gekommen, und gerade deswegen eignet er sich gut zum Vergleich mit Sokrates und Freud. Denn offensichtlich hat er seinen Eros deutlich zu sublimieren versucht und damit ein großes Werk geschaffen. Psychoanalytische Untersuchungen legen nahe, dass er besonders stark auf die Welt-aus-Sicht-der-Mutter reagierte, also auch eine weibliche, wenn auch vielleicht mütterlich fixierte, Position vertrat?[43] Aber ist die Sicht-Sublimation, die Verfeinerung von allem durch Erscheinungs- und Wort-Wirkendes, nicht schon weiblich genug?

Wittgenstein eignet sich auch deswegen so gut, weil er sagt, dass „die Mathematik eine logische Methode ist", und dass „die Sätze der Mathematik keinen Gedanken ausdrücken", denn ihre Gleichungen sind nur Scheinsätze, die sich dadurch charakterisieren, „dass sie einander ersetzbar sind. . . Es gibt allerdings Unaussprechliches", schreibt Wittgenstein zum Schluss seines Traktats, „und dies zeigt sich, es ist das Mystische."[44] Wittgenstein hätte auch sagen können: „Es ist die Liebe, der

---

[43] Schneider, C., in PSYCHE Nr. 11 (2018) S. 925-950).
[44] Wittgenstein, L., Tractatus logico-philosophicus, edition suhrkamp (1969) S. 102 und 115

sublimierte Eros, das Amouröse, die Frau." Aber er hat es eben nicht gesagt, weil er im Allerletztlichen den Eros in die logische Form des Mathematischen bringen wollte und gebracht hat, und weil er darin zeit seines Lebens geblieben ist. Das „transzendental Logische" war seine Liebespartnerin, die edel und anmutig war, wenn wohl auch frigide.

„Was immer er [Wittgenstein] sagte, war sehr interessant und inspirierend, seine Art und Weise sich auszudrücken, war faszinierend... Wenn er schließlich mit einer Antwort aufwartete, stellte er diese wie ein neu geschaffenes Kunstwerk oder gar eine Offenbarung vor uns hin ... er erzeugte den Eindruck, als ob die Einsicht dank einer göttlichen Inspiration erfolgt sei."[45] Diese Aussage des Philosophen R. Carnap beweist, dass Wittgensteins Eros transzendental war, gehoben, delirierend. Ihm hätte eine Psychoanalyse gut getan, aber er stand ihr ambivalent gegenüber. Doch die meisten neuzeitlichen Philosophen, die sich mit Bewusstsein, Neurowissenschaft, Linguistik etc. beschäftigen, ignorieren die Psychoanalyse ganz, und damit auch den Zugang zu Liebe, Eros und Sex, wie aus ihren Thesen ersichtlich ist.

Ich habe schon M. Foucault zitiert, der hartnäckig nachgewiesen hat, wie man durch ständiges Reden, Herum-

---

[45] Schilpp, P., The Philosophy of Rudolf Carnap (1963)

deuten und gar wissenschaftliches Erforschen den Eros erdrücken kann. Doch die Bewusstheitsforscher machen es umgekehrt, sie ignorieren ihn einfach, um sich die Macht an der Lust zu sichern, wie Foucault sich ausdrückt. Um diesbezüglich eine Vereinfachung und Kompaktheit ins Spiel zu bringen, wähle ich neben der Theorie den Zugang zur Praxis als möglichst konkreten Bereich. Da Logik und Liebe, Linguistik und Erotik gleichzeitig weit auseinander liegende Gegensätze sind, will ich so über die oft zu komplexe Theorie hinaus eine für jedermann erreichbare Praxis des Eros vermitteln. Ich verwende Eros (oder auch ‚Sex' in Anführungszeichen) als umfassenden Begriff, der auch Liebe und Sexualität miteinschließt, ein Vorgehen, das sich für dieses Buch als geeignet erweisen wird.

Im Hebräisch-Aramäischen wird das Wort Ahava in ähnlich umfassender Weise gebraucht, Ahava war himmlische und sinnlich-irdische Liebe zugleich. Das griechisch geschriebene Neue Testament übersetzt dieses Wort jedoch mit Agape. Agape hat im Griechischen aber schon eine mehr auf höhere Sittlichkeit bezogene Bedeutung von Liebe und Eros gehabt. Diese Bedeutung entspricht der lateinischen Caritas, was nun wirklich nichts mehr mit dem Eros zu tun hat und so wohl eher eine Erfindung der sich etablierenden Priesterkasten und Moralphilosophen ist. Sie waren eben keine solchen

Persönlichkeiten mehr wie es – im Alten Testament – Hosea beispielsweise war.

Hosea hatte Pech mit seiner Frau aus niedrigerem Stande, einer Prostituierten, er musste sie verstoßen, aber er liebte sie so sehr, dass er sie schließlich immer wieder von fremden Freiern zurückholte. Exakt diesen Konflikt erkennt er als etwas, was ich ein Übertragungs-Gleichnis für das Verhältnis Gottes zu seinem Volk Israel nennen würde: [46] Gott liebte sein Volk und holte es immer wieder zurück, auch wenn es herumhurte. Und nur durch dieses persönliche Schicksal findet Hosea Zugang zur Prophetie und macht sich so einen wirklichen, einen zählenden, einen therapeutischen Namen, eine Identität.

Um dem therapeutischen Namen näher zu kommen, um den es auch in diesem Buch gehen wird, stelle ich ihn – sozusagen nochmals vorausgreifend – gleich im nächsten Kapitel dar. Ich habe diese Schilderung des selbsttherapeutischen Verfahrens schon im zweiten Kapitel kurz beschrieben. Ich will jetzt jedoch mehr an Foucaults Begriff der ‚Selbstpraxis' anschließen und zum Lacanschen ‚Ding' Stellung nehmen, das für die Frage nach der Identität eine gute Antwort parat hat. Vorausgreifend

---

[46] Mit Übertragung ist der Vorgang gemeint, in dem der Patient unbewusst Bedeutungen auf den Therapeuten überträgt Hosea überträgt auf Gott das Wesen seiner Liebesbeziehung.

darf ich schon bemerken, dass man vom ‚Ding' eigentlich nichts sagen kann, denn es entzieht sich total der Sprachregelung, der symbolischen Ordnung, die ihr Zentrum im Begriff des Signifikanten, des Wortgewaltigen, des *Anderen* hat.

Der/das *Andere*, der/das nicht unseresgleichen ist, Vater, Mutter für das Kind, Lehrer für den Schüler, Analytiker für den Analysanden. Es existiert ein Diskurs, der sie alle verbindet, aber die letzte Frage nach der Identität nicht löst, was wieder zur Ganzheit, zur Gänze der Seele zurückführt. Lacan hatte einen Vorschlag, wie man diese Gänze auch ohne Transzendentales und auch noch vor dem Tod erreichen kann. Es geht um das „Reale des Genießens, das auch das Genießen des Realen" ist, wie es nochmal in dem vorher gezeigten Knoten nun als JA 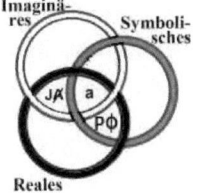 (Jouissance, Genießen des *Anderen*) und JΦ (phallisches Genießen) als Lacans Statement zu dieser Gänze eingezeichnet ist, und wozu später noch Stellung genommen wird.

4. Imaginäre Scham und symbolische Schuld

Vielleicht ist es besser, alles von ganz woanders her auf-
zuziehen und statt ständig vom Eros lieber von Scham
und Schuld zu reden. Es gibt in der Psychoanalyse eine
sogenannte ‚Alteritätstheorie‘, also eine Theorie um das
Wesen des schon mehrmals und gerade eben noch genannten *Anderen*. G. H. Seidler zum Beispiel geht vom
Blick, von der interaktiven ursprünglichsten Wahrnehmung, kurz: vom *Strahlt* dieses *Anderen* aus, das beschä-
men kann.[47] Ob ein Gott sagt „Es werde Licht" und damit seinen eigenen Blick mit Worten verbildlicht, oder
ob man in der Alteritätstheorie davon ausgeht, dass
Mensch und Mensch sich interaktiv wahrnehmen
(*Strahlt*) und dann symbolisch völlig unbewusst agieren
(*Spricht*), kommt letztendlich aufs Gleiche heraus. Man
versucht meistens das Imaginäre, das zurückgedrängte
oder das zu unangenehme *Strahlt* der Scham, ins Symbolische des *Spricht* zu ziehen, was nicht schuldlos gelingt.

Seidler sieht also den Schamaffekt als das Frühere an,
indem sich in diesem interaktiven Raum erste Blicklich-
keiten abspielen, wie sie Freud in der ‚Urszene‘ beschrieben hat, die ein identifizierender und gleichzeitig

---

[47] Seidler, G. H., Der Blick des Anderen, eine Analyse der Scham,
Verlag intern. Psychoanalyse (1995)

den Betreffenden selbst ausschließender Blick in die Intimität der Eltern (in deren Schlafzimmer) ist. Ausgehend von den antiken Dramen kommt es entweder zu völliger Ausblendung von Scham in der totalen Selbstspiegelung wie bei der Figur des Narziss, oder zu Schamverlagerung in den *Anderen* wie bei dem antiken geltungssüchtigen ‚Seher‘ Theiresias.[48] Erst die Figur des Ödipus stellt ein Beispiel für die reifere Schamregulierung dar, weil hier „Selbstreferentialität“ und „personale Verantwortlichkeit“ vorhanden sind, schreibt Seidler. Doch dafür stellt sich im Ödipuskomplex auch stärker die Schuldfrage. Der Kreis schließt sich wieder irgendwie ergebnislos.

Das konnte man auch beim Philosophen Wittgenstein und ebenso bei Hosea sehen, dessen Sucht nach der schamlosen Geliebten immer wieder in die Schuld gegenüber seinem Volk mündet. Die Übertragungs-Gleichung Hoseas hat fast mathematischen Charakter. Eine Gleichung ähnelt stets auch dem ersten Satz einer philosophischen Abhandlung, einem immer sehr Eminenten, möglicherweise intensiv Durchdachten und Elaborierten. Denn auch hier wird etwas schon lange im tiefsten Irdischen und himmlisch Höchsten konflikthaft

---

[48] Narziss sieht nur sich selbst und gibt dem Blick des *Anderen* keine Chance, Theiresias ist blind, macht aber sein überhöhtes, gar ins Jenseits reichende ‚Sehen‘ süchtig geltend.

Schwelendes spiegel- und echoartig hin und her gewälzt und schließlich auf das gähnend weiße Papier gebracht. Selbst wenn es nicht prophetisch ist, so sieht es doch wie eine Übertragungs-Gleichung des Eros aus, die wohl nur schwer lösbar ist. Ich will jedoch in diesem Buch dem Früheren, also der Scham, dem Bild-Blick-Wirkenden einen Vorzug geben, um nicht schamlos, aber doch etwas schamfreier zu sich selbst zu kommen. Damit verringert sich auch das Schuldproblem.

Vielleicht hätte Wittgenstein Lacan folgend seinen ersten Satz auch so schreiben können: „Die Welt ist die Summe aller Signifikanten." Das schließt das Universum und den Eros voll mit ein, und es sind damit gleich drei Dinge in einem Satz formuliert. Denn mit dem Wort Summe ist außer der Welt auch die Mathematik mit im Spiel. Das Dumme ist nur, wie erkläre ich, was Signifikanten sind, sind sie doch gerade selbst die Bezeichner, die Bedeutungseinheiten, die ‚Signifikantisierer' und Zeiger. Von was? Ja eben von all dem, „was in der Welt der Fall ist". Der einzelne Signifikant ist zwar keiner Bedeutung fähig, aber in ihrem Zusammenspiel sind sie mächtige Sprach- und Symbolisierungskörper, was nicht heißt, dass klar gesprochen werden kann.

Mehr lässt sich einfach nicht sagen. Sind sie nicht wieder nur Meme? Der Begriff des Signifikanten kommt eigentlich aus der Sprachwissenschaft, in der es einfache,

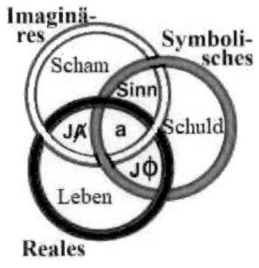

eindeutige Zeichen gibt: Das Zeichen selbst und für sich alleine ist „etwas für jemand", es steckt eine objektartige Beziehung darin. Dagegen sind die Signifikanten nur durch die Kombination von mehreren ihresgleichen zu erfassen, sie sind Zeichen des Subjekts, Subjektbedeuter, ja gar echte, bedeutungstragende Schrift (Symbolisierungskörper). In der Psychoanalyse Lacans haben die Signifikanten – wie schon erwähnt – nicht nur symbolische Anteile (Sprachlich-Worthaftes, *Spricht)*, sie stehen auch für Imaginäres (Bildhaftes, *Strahlt*) und Reales (Mathematisches). Auf jeden Fall spielt diese Dreiheit von Symbolischem, Imaginärem und Realem bei Lacan eine große Rolle wie es auch aus dem von ihm so favorisierten Borromäischen Knoten zu ersehen ist (Abb. erneut oben, jetzt noch vielschichtiger beschriftet).

In der Psychoanalyse hat die Sprache, das Symbolische, Wort-Wirkende Vorrang und damit auch das Problem unbewusster Schuldgefühle, deren Thematik mehr das Männliche betrifft. Die vom Imaginären, dem Bild-Blick-Wirkenden her dominierten Schamkomplexe, finden sich dagegen mehr auf der Seite des Weiblichen. Das lässt sich auch durch die Häufigkeit der Magersucht von Frauen belegen, wo das Körperbild im Vordergrund steht. Das Mädchen schämt sich seiner erotischen

Rundungen und es wird auch beschämt durch soziale Normen. Gleichzeitig ist es – in der Bulimie – gierig nach Essen und in der Magersucht gierig nach Leere, nach dem Nichts, oft nur, um den Eltern die Wertlosigkeit zu zeigen, die sie vermittelt haben, klassische Scham-Schuldverstrickung.

Der Borromäische Knoten ist eigentlich eine Verschlingung von drei Kreisen, die sich auflösen, wenn man – wie zu sehen ist – nur einen dieser Kreise aufschneidet. An zwei Überlappungen der Kreise findet sich ein J für das französische Wort ‚Jouissance‘ (Genießen), womit gezeigt wird, dass der Eros mit von der Partie ist, wie ich bereits gezeigt habe. So prekär geknüpft und auch so gefährlich auflösbar, störbar, muss man sich das seelisch Unbewusste vorstellen. Vorerst genügt es zu sagen, dass in dieser Dreiheit die Psychoanalyse den Schwerpunkt im Sprachlich-Symbolischen hat, die Meditation im Imaginär-Bildlichen und das Mathematische eben im Realen. Diese einfache Einteilung soll wie ein roter Faden durch das Buch leiten, damit es einer Präzisierung des Eros (‚Sex‘) mehr gerecht wird.

Denn dieser Unhold wütet schon in der frühen Kindheit, wobei die unbewussten ganz frühen Schamaffekte in der herkömmlichen Psychoanalyse nur schwer behandelt werden können, das verhält sich bei den Schuldkomplexen anders. Man kann sich von ihnen – vermittelt durch die Betonung des Gesprächs – frei sprechen, wogegen die gedruckten Bilder der Scham in der *Analytischen Psychokatharsis* besser aufgehoben sind, weil der Blick des *Anderen* hier schon geregelt ist, worauf ich später noch ausreichend eingehen werde. Im Grunde genommen will ich die Menschen, die den Eros offen kommunizierten wie Sokrates und Foucault, denen gegenüberstellen, wo er passiv ist, ja erlitten werden muss wie bei Wittgenstein und Freud,[49] und sie abgrenzen von den Neutros heutiger Publikationen. Was den mehr verbalen, worthaften Anteil des Signifikanten angeht, sagt Lacan: „Der [verbale] Signifikant ist eine doppelt verwischte Spur. Auch das Tier legt Spuren und verwischt sie, es täuscht also, aber es kann nicht vortäuschen, dass es vortäuscht. . . Es legt keine falschen falschen Spuren, was ein . . grundlegend signifikantes Verhalten ist. Genau da ist die Grenze."[50]

---

[49] Wie schon angedeutet war ja Freuds Privatleben nicht so erfreulich und seine Schriften wurden schwer angegriffen, obwohl in ihnen ja die Sexualität eher negativ dargestellt war, weil sie infantile Muster rigide wiederholen würde (von Freud Wiederholungszwang genannt.)

[50] Lacan, J., L´angoisse, Seminaire Nr. X, vom 12.12.63, Man kann den *Signifikanten* auch einen unscharfen Begriff nennen, so dass ein einzelner *Signifikant* nicht einmal einer Bedeutung fähig ist und man so die Differenz zu anderen *Signifikanten* benötigt, um Sinn zu erzeugen.

Die Betonung des verbalen Signifikanten kommt also gerade daher, weil es die Spur – ja vielleicht sogar das Lacansche ‚Ding‘ – des imaginären Signifikanten ist, die doppelt verwischt wird, und darin ein Teil seiner Schuld liegt. Denn was sollte es sonst sein, das Reale lässt sich nicht verwischen, es ist immer am gleichen Platz, wenn auch nur schwer zu bearbeiten, konstatiert Lacan. Der Filmtheoretiker C. Metz glaubte das Imaginäre auch einen definitiv imaginären Signifikanten nennen zu können, also das ‚Ding‘ als ein Chaos von Bildern, verwirrend und doch nicht uferlos.[51] Ich lasse das noch offen, auf jeden Fall bedingen sich Bild und Wort, Spiegel und Echo, Es *Strahlt* und *Spricht* gegenseitig in ihrer Signifikanz und umkreisen sich in einer

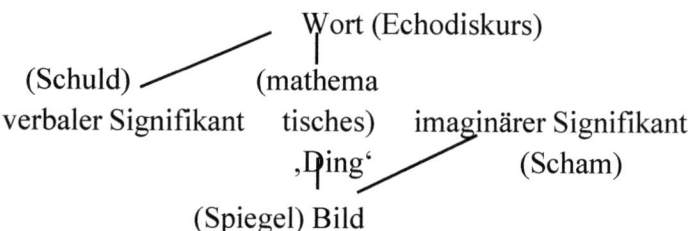

Art, die Bedeutung zum Realen beiträgt, hinträgt. Ein kleines Schema, in dem ich jetzt vom ‚Ding‘ als etwas Mathematischen spreche, soll dies weiter zeigen (Abb. oben).

---

[51] Metz, C., Der imaginäre Signifikant, Psychoanalyse und Kino, Nodus (2000)

Nach wie vor sind Spiegel- und Echodiskurs, Bild- und Worthaftes, *Strahlt* und *Spricht,* Imaginäres und Symbolisches die Grundtriebe, Grundelemente, von denen ich ausgehe. Triebe, Begehren, also Eros, der die beiden mit voller Gewalt in unbewusste Schuld- und Schamkonflikte führt. Aber wo bleibt das Reale? Das Reale, das bei den Frauenschicksalen und in der Identitätsfrage noch offen geblieben ist, das einem immer wieder entwischt und das Lacan daher auch das Unmögliche nennt. Den beiden gerade genannten Grundelementen rechne ich zwar Signifikantenkraft zu, Bedeutungsmachendes, aber eigentlich ist dies nicht ganz erlaubt. Denn der Signifikant stammt aus der Sprachwissenschaft und hat ja eben deswegen auch in der Psychoanalyse etwas begrenzt seinen Schwerpunkt im Worthaften, im Verbalen, im *Spricht.*

Um das ‚Ding‘ in diesem Schema unterzubringen, musste ich es einerseits in die Nähe des Imaginären rücken und es andererseits dort auch signifikant, mitbedeutungstragend, sein lassen und so in die Mitte als (mathematisches) ‚Ding‘ hinstellen können. Mehr braucht es für den Eros nicht, und doch wiederhole ich es nochmal: Vom rein Linguistischen her, das also schwerpunktmäßig in der Psychoanalyse Verwendung findet, stehen den Signifikanten die Signifikate, die schlichten Vokabeln gegenüber, die wie ‚Tisch‘ beispielsweise für die Platte mit vier Beinen, nur äußerlich, nur Etikett, Bezeichnung,

Aufkleber, simples Zeichen ist, im Signifikanten aber vom Esstisch über den Bürotisch und weiteren hunderten von Tischen bis zum Altar, alles Mögliche sein kann. Trotzdem wird das Wesen des ‚Dings' eingekreist.

Wenn man sich beispielsweise mit Menschen sprachlich ‚austauscht', hängt es immer ein bisschen davon ab, auf welcher Ebene dieser Austausch stattfindet, ob er mehr im Bereich der Kombination von verbalen Signifikanten, den Bedeutungs-Einheiten, -Gebern, -Betonern (Symbolischem, Sprachlichem), liegt, oder nur in dem der Etikette, der Aufkleber, der Emojis (Imaginärem, Spiegelndem), also der einfachen Zeichen. Handelt es sich somit um einen Austausch unter Bekannten, Parteigenossen, Gleichgläubigen oder Kollegen, wo schon fertig Bildhaftes eine Rolle spielt, ist dies unterschiedlicher, als wenn man sich mit einem *Anderen* unterhält, dem eine gewisse Bedeutung zugeschrieben wird, wie wenn ihm ein Ausrufzeichen voranginge, das das Worthafte in seiner Geheimnishaftigkeit betont.

Im ersten Fall ist es ein Austausch unter seinesgleichen, in dem Betonung, Wahrheitsbezug, Bedeutungsstärke etc. nicht so exakt sind[52] Der groß zu schreibende,

---

[52] Lacan sagt daher: „Wer das Brot der Wahrheit unter seinesgleichen bricht, teilt die Lüge aus," denn man verweilt bei derartigen Gesprächen in einer oberflächlichen Vertrautheit, die zu viel Wahrheit vermeidet, aber Scham ermöglicht. Mehrheitlich

bedeutende *Andere,* bringt dagegen etwas ins Spiel, was im narzisstischen Fall die Scham verschwinden lassen, im geltungssüchtigen jedoch auch vergrößern kann. Und weiter: in dem man – je nachdem um welche Art der Bedeutung es sich handelt – an der Wahrheit nicht ganz vorbeikommt, denn sie ist jetzt mehrheitlich eine der sprachlichen Signifikanten, die einen in Schuld verstricken können, was alles Folge des unbewusst wirkenden Eros ist.

Um dies hervorzuheben nannte Lacan den Psychoanalyse spezifischen Signifikanten auch den „phallus symbolique", was den Gott Eros so ein wenig in Richtung von etwas Sexuellem zu verschieben scheint. Man muss es so sagen: den „symbolischen Phallus" gibt es nur auf dem Papier, man kann ihn schreiben, als Φ, griechischer Buchstabe für den Laut Phi, denn er ist eine sexuelle Metapher, ein Powerwort, ein Sexualstolz, nicht eine Macht, aber doch eine libidinöse Mächtigkeit, vielleicht sogar ein Instrument zur Messung der Libido, aber nichts Reales. Er ist der Signifikant, der kein Signifikat hat, nichts Bezeichnetes, aber bild-wort-bezogene Wirkung haben kann, Eros in seiner Fülle, ‚Sex' eben.

---

also ein Fall der Etikette und Emojis, wo keine mächtigen und bedeutungsvolle Worte dahinterstehen.

Φ ist also absolut nicht das – vorerst jetzt dem Imaginären nahestehende – (mathematische) ‚Ding‘, sondern eher dessen Counterpart. Mein Kontrollanalytiker erzählte mir einmal von einem Patienten, der, kaum ins Sprechzimmer eingetreten, die Frage stelle: ‚Was ist das ‚Ding an sich‘? Klar, für einen Psychoanalytiker drängt sich hier sofort das phallische Symbol auf, Φ also, die sexuelle Metapher. Mit dieser konnte aber mein Kontrollanalytiker nicht sogleich antworten und zum Patienten sagen: "Ja wissen Sie, das ‚Ding an sich‘ ist der ‚Phallus‘, symbolisch gesehen, also sexuell im übertragenen Sinn, nicht im realen. Für Freud ist es ein Name." So peinlich und krumm hätte er daherreden müssen, was nichts gebracht hätte.

Denn der Patient hätte es dennoch im realen Sinn verstanden und hätte somit diese Antwort des Therapeuten, den er doch zu Heilungszwecken und nicht zum Sexualkundeunterricht aufgesucht hat, brüskiert zurückgewiesen. Schließlich war der Patient ja noch gar nicht in Therapie, war noch nicht ins therapeutische Setting eingebunden. Nur dann nämlich und wenn es zudem im Gespräch einen Anknüpfungspunkt dazu gibt, kann der Psychoanalytiker eine Deutung geben. Nun hat der Patient, speziell durch die Betonung des ‚an sich‘ und durch die ja auch etwas provozierende Art, mit der er schon beim Betreten des Sprechzimmers den Psychoanalytiker angeht, diesen tatsächlich mit Φ versteckt, aggressiv, konfrontiert.

Dass der ‚Phallus‘ in der Psychoanalyse solch eine zentrale Metapher ist, meinte Lacan, verleugnen die Feministinnen, denn sie wollen nicht wahrhaben, dass er ein Signifikant ist. Sie halten ihn für imaginär und kennen seinen symbolischen Wert nicht – doch man(n) will der Frau doch gar nichts antun, man will nur davon reden. Und wie soll man *Es*, das Freudsche *Es*, das dem Eros, dem ‚Sex‘ unterstellte Subjekt, nun sprachlich besser einkreisen? Die alten Griechen taten sich leicht, sie nannten den Eros einfach den ersten aller Götter. Das war nicht schlecht gewählt, denn so wurde dem Erotisch-Amourösen ein göttlicher Anfang, der Ursprung der Welt und all das, was in ihr der Fall war, zugeschrieben. Wie gesagt hatten die Griechen keine eigene Bezeichnung für Sex, Eros schloss alles ein, auch die Liebe des göttlichen Eros zur sterblichen Psyche, deren Begegnung zuerst nur im Dunklen stattfand, wie es auch derzeit – selbst bei der modernen Jugend – oft noch üblich ist.

Man hatte der Königstochter Psyche erzählt, Eros sähe monsterartig aus, weshalb sie ihn anfangs nur im Dunklen traf, um nicht zu sehr von ihm erschreckt zu werden. Als sie ihn endlich im Licht einer Kerze sah, war sie entzückt von seiner Gestalt, aber sie verkannte das kleine,

,unverschämte' Ding an ihm, φ kleingeschrieben, das großgeschrieben (als Φ) auch ein Monster sein kann, ein Paradebeispiel für die Schuld/Scham-Verstrickung. Fast umgekehrt zu diesem Mythos meinte Freud, dass das Dunkle zum unbewusst Weiblichen gehört, weil es grundsätzlich ein „dunkler Kontinent" sei, indem die Frauen keine eigen definierte Libido hätten. Erst die Psychoanalytikerin Joan Riviere hat schließlich doch noch die weibliche Libido als etwas Eigenes entdeckt, nämlich die Weiblichkeit als aktive Maskerade, als das also, das sich im Bereich des Optischen, des Seh- und Wahrnehmungstriebs, der Schaulust abspielt, aber nicht perfekt fertiges Bild ist und doch oft erlaubt, das Wort zu umgehen.

Abb.6 Zucchi, Amor & Psyche

In dem vom Maler E. Zucchi erstellten Bild oben erscheint Psyche eines nachts mit einer Öllampe und – sicherheitshalber – mit einem Kurzschwert bewaffnet vor Eros. Doch dadurch verliert sie selber etwas von ihrem ,Ding'. Nichts mehr ist konstant. Beide sind verwirrt. In Zucchis Bild ist Eros' Genitale von einer Blüte verdeckt, doch Psyches Blick dorthin scheint ganz klar zu sagen: ist da etwas? Für was ist es gut? Braucht's das? Dieses Kleinod ist ja gar nicht maskiert, aber Rivieres Maskerade ist in ihrer Strebung komplexer, in ihrer Funktion und Wirkung offensichtlich authentischer und echter. So kommt das Schwert zwar nicht zum Einsatz, aber es gibt auch keine Lösung.

Während der Mann Φ hat, verkörpert die Frau es selbst, sie ist Φ, meint Lacan und so versucht sie es zu verbergen oder wird unter Vollverschleierung gesteckt, was hinsichtlich des Genießens auf das Gleiche herauskommt. „Die Frau weiß nur in Abwesenheit zu genießen", behauptet Lacan daher, d. h. es darf nicht zu viel von dieser ‚Schwell-Spannung', von dieser Tumes- und Turgeszenz ihrer Rundungen zu sehen sein, also braucht es Maskerade.[53] Zudem weiß sie auch zu wenig um ihr ureigenstes Genießen, um die ‚Jouissance feminine', das Genießen jenseits von Φ, oder schätzt dieses zu gering, was mehr als eine Hypothese sein soll. Vielleicht liegt es auch nur daran diese autochthone ‚Jouissance' nicht gut ausdrücken zu können.

Könnte sie nicht an das ‚Ding' erinnern, das eben nicht so genau zu sehen, sondern verschleiert und maskiert ist? Die Psychoanalytikerin R. Golan hat diesem weiblichen Genießen universelle Bedeutung zugeschrieben, indem die Scham reguliert ist.[54] Bei Freud ging der Trieb von der „erogenen Zone" aus, dem Mund zum Beispiel oder

[53] Lacan, J., Seminar 19, Vortrag vom 8. 12. 71
[54] Golan, R. Loving Psychoanalysis, Karnak (2006)

den Genitalien, aber die „erogene Zone" des Schautriebs, des Blicks, des meditativen Schauens ist, genauso wie der der Stimme und des Ohrs vielschichtiger, und steht doch ständig viel mehr im Vordergrund. Die Männer müssen die Sache mit dem kleinen Ding regeln, um schuldfrei zu bleiben, die Frauen mit dem großen, das geheimnisvoll bleibt, es sei denn man findet eine Mathematik dafür.

Um das Verständnis zu erleichtern, habe ich das obige kleine Schema ein bisschen verändert. Ich habe den imaginären Signifikanten, der als sicherer Begriff etwas umstritten ist, da der Signifikant seinen Wert hauptsächlich auf der Seite des Wortes, des Symbolischen hat, jetzt

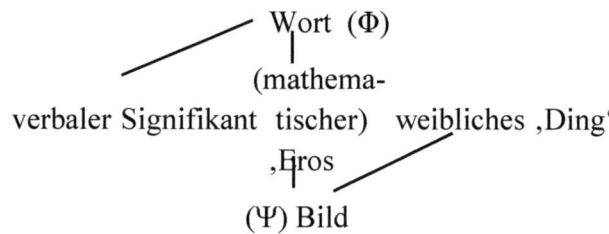

zu diesem ominösen, Lacanschen weiblichen ‚Ding' gemacht. Das Wort, hier speziell als der privilegierte Signifikant der Psychoanalyse ist nunmehr mit Φ identisch und das Bild, die nie ganz fassbare Spiegelung, die Maskerade, wird zu Ψ (Psi), für die unbewusste Psyche, für das Dunkle aber auch Helle in der Meditation. In der Mitte bleibt der mathematische Eros, für den es dann aber eine Lösung geben wird in der Struktur der in Kapitel 2 ja schon gezeigten *Strahlt*-Form des *Formel-Wortes* und dessen als *Pass-Wort* zu findende *Spricht*-Form. Ich denke, so ist alles anschaulich, wenn auch sicher noch nicht ganz kommensurabel, greifbar und genießbar.

Daher erneut zusammengefasst: der Eros des Sokrates und Platons war sehr stark vom Erscheinungs-Wirkenden, Bildlichen, Imaginären, also von der Meditation her bestimmt, während der Eros Wittgensteins und auch Freuds stark auf der Seite des Sprachlichen, Symbolischen, Wort-Wirkendem beruht. Diese Unterscheidung ist nach wie vor wichtig, sie wurde im weiteren aber immer wieder von Unbestimmtheiten durchkreuzt, wie es ja auch in den geschilderten Frauenschicksalen der Fall war.[55] Sokrates und Platon gehen vom εἶδος (eidos), vom Aussehen, Schönheit, Urbild, Idee und Wesen aus, während Freud und Wittgenstein – wie schon der Titel von dessen Hauptwerkes zeigte – vom ‚logos‘, von der Logik, der Sprachphilosophie und Linguistik herkommt. Dieser Unterschied wirkt sich entscheidend auch auf ihr Verständnis vom Eros aus. Bei den alten Griechen verfällt der Gott Eros wie gesagt sofort der bildhaften

---

[55] Gamm, G., Nicht nichts, Studien zu einer Semantik des Unbestimmten, Suhrkamp (2000) S. 227. Der Autor ist der Ansicht, dass man sowieso nichts mit Bestimmtheit sagen kann.

Schönheit der Königstochter Psyche, und auch im Höhlengleichnis Platons geht es ganz entscheidend um diese Bildwelt des Sokratischen εἶδος, den die Biedermänner, die unerotisierten, schlichten Menschen in der Höhle nicht sehen.

Freilich erscheint uns Sokrates heute als zu mystisch, aber er hatte außer dem Verstand noch Seele, Herz, Eros und Phantasie. Er brachte sich selbst mit ein, während die Bewusstseinsphilosophen wie Dennett sich als Subjekt des Unbewussten ganz aus dem Spiel lassen. Sie wollen alles versachlichen, objektalisieren, bringen sich also nicht selbst ein, geben ihre Angst nicht her und lassen sich nicht in die Karten schauen. Dennett und seine Kollegen kämpfen darum, Sachwalter des Wissens, Kenner der Wahrheit und die am meisten renommierten Autoren zu sein. Sie sind Maniker, aber nicht solche des philosophischen Eros, sondern die ihres Egos. Sie reden viel zu viel daher, bringen tausende von Wissenschaftsbelegen, aber sagen damit nichts. Während die Neurotiker meist ohne viel Gedanken drauflos sprechen, und es dabei ganz klar ist, dass sie den Worten nicht die volle Bedeutung geben, schreiben die Philosophen zu überlegt, überdeterminierend komplex, so dass der Sinn zertrampelt wird, von dem sie behaupten, ihn zu kommunizieren.

Für Lacan dient die Sprache nicht in erster Linie zur Kommunikation, sondern zur Enthüllung. Sie war als symbolische Ordnung immer schon da, wie es ja auch Wittgenstein mit der Logik als solcher, die außerhalb der Welt liegen muss, erklärt hat. Und auch Sokrates philosophische Lehre vom Eros ist wesentlich, da ich ihn auch zur Erklärung des Analytisch-Meditativen verwenden will. Denn für die Mathematik des Eros braucht man zusätzlich zur worthaften auch eine bildhaft-kontem-plative Methode, wie sie bei Freud am Anfang seiner therapeutischen Arbeit mit der Hypnose ansatzweise in Form von Trance, Katharsis und traumartiger Entspannung vorkam. Freud hat diese meditativen Formen seiner Arbeit zugunsten der symbolisch logischen aufgegeben.

Letztere haben nun den Vorteil, dass sie speziell in ihrer verbalen Form abzählbar sind, dass sie nicht wie die Zahlen in der Mathematik sich ins Unendliche verlieren können oder sich wie die Jungfrauen verhalten, die – so Lacan – nicht abzählbar sind. Zumindest ist bekannt, dass immer, wenn von Jungfrauen die Rede ist wie etwa im muslimischen Paradies oder in vielen anderen Geschichten,[56] deren Anzahl immer bis ins Unendliche gesteigert dargestellt wird, was wohl andeuten soll, dass sie als nicht abzählbar gelten. Sie sind zu bildhaft, zu

---

[56] So z. B. bei Tipler, F. J., Über die Omegapunkttheorie, Piper (1994) oder bei Voragine, J.de, Leganda Aurea, Herder (2007)

meditativ. Doch es gibt noch einen weiteren logischen Grund für ihre Nichtabzählbarkeit, auf den ich später zurückkommen werde. Auf jeden Fall ist Φ abzählbar und hinsichtlich seiner Libido messbar. Es war für Freud wichtig, solch ein Instrument der subjektbezogenen Wissenschaftlichkeit zu haben. Im Ψ der *Analytischen Psychokatharsis* wird aber auch dieses Meditativ-Kathartische messbar.

Ich bin deswegen diesen anderen Weg gegangen und habe die sprachbetonte Psychoanalyse mit der bildbetonten Meditation in einem praktisch erlernbaren Verfahren verbunden. Die beiden Methoden widersprechen sich nämlich nicht. Dennoch war es ein mühevoller Kraftakt, aber wenn es überhaupt einen mathematischen Zusammenhalt für die Seele geben sollte, kann dies nur mit der Unterstützung durch eine sowohl Psychoanalyse als auch Meditation verbindende Praxis geschehen. Diese durch die konkrete Anwendung der erwähnten *Analytischen Psychokatharsis* gestützte Selbsttherapie, Selbstpraxis, vermittelt eine andere Identität als die, die im ‚Austausch‘ mit all den Personen seinesgleichen, die sich so gut verstehen, aber nicht wirklich ins tiefe Begreifen miteinander geraten, gewonnen werden kann.

Es geht um eine Identität, die nicht nur aus dem Spiegelbild von sich und den anderen besteht (eine eben wieder mehr bildhafte schamanfällige Identität), sondern auch aus der Durchdringung des logischen Sprachknotens, bei dem die Buchstaben mehr in der üblichen und bekannten Weise des Miteinander-Redens kombiniert sind (die mehr worthafte schuldanfällige Identität), und so beide letztlich in ihrem ‚ding'haften Zusammenhang vermittelt. Die bildhafte Identität hat – mathematisch betrachtet – mehr mit der Geometrie bzw. Topologie (auch Einsteinsche oder Gummi-Geometrie genannt, weil auch ein gequetschter Ball noch wie eine Kugel gewertet wird) zu tun, die worthafte mehr mit Zahlengruppen (Kapitel 6). Und letztlich wird die Identität zusammengefasst etwas mit dem Lacanschen ‚Ding' zu tun haben.

Während also das Lacansche Φ eine Domäne der Psychoanalyse ist, werden in der *Analytischen Psychokatharsis* Ψ, die bildhafte unbewusste Psyche hinzukommen, um die Mathematik und Eros vollständig zu machen, was heißen soll, dass jeder Einzelne es selbst erüben kann und muss, was in Ψ steckt. Stützen könnte man dies alles auch mit der modernen Chaos-Theorie. Für F. Cramer, einen Mitbegründer der Chaostheorie, ist Eros und Liebe eine tiefgehende Resonanz, das sich eben in wiederkehrenden, zyklischen Zeiten abspielende Lebens- und Liebesprinzip, dem Cramer das einer irreversiblen, chaotisch einbrechenden und somit nichtresonanten Zeit gegenüberstellt.[57] Cramer versucht also die

---

[57] Cramer, F., Symphonie des Lebendigen, Insel (1998)

Liebe und den Eros als „harmonische Stimmung und Gleichklang" zu verstehen, aber auch als etwas Unsagbares, Chaotisches, darzustellen, das sich nicht in Zeit- und Ordnungsvorstellungen denken lässt und sofort wieder an das ‚Ding' erinnert.

Der mütterlichen resonanten Bindungsbeziehung, der auch anfänglichen Liebeserfahrung des Kindes und schon gar dem überromantischen Verliebtsein und all den Formen der üblichen Liebe steht also die ‚Chaos/Liebe' gegenüber, die keine Resonanz hat und doch stark ist, durchdringend. Für Freud war die Liebe der Tod. [58] „In der Liebe gibt es" – wie ich schon zitierte – „immer eine Wonne des Todes, eines Todes jedoch, den wir uns nicht selbst auferlegen können". Ja, gerade weil er auch den Eros in besonderer Weise vermitteln kann, gehört auch der Tod (Thanatos) dazu, der – so könnte man nämlich Ordnung ins Chaos bringen – mit der Tautologie zu tun hat. Denn so verstanden befinden sich bei ihm Schrecken und Wonnen ebenso im harmonisch/chaotischen Gleichklang.[59]

---

[58] Lacan, J., Autres écrits, Seuil (2001) S. 475
[59] Ich werde im Folgenden zum Lacanschen ‚Ding' noch mehr sagen, auch wenn man es wohl am ehesten durch die Praxis erfahren ksnn.

5. Macht ohne Machthaber und Sex ohne Gesetz

Der Philosoph M. Foucault hat in seinem Buch „Der Wille zum Wissen, Sexualität und Wahrheit" klargelegt, dass man den einfachen, resonanten Zeichen nicht trauen kann, dass man sie grundsätzlich anders denken muss, neu, vielleicht nicht chaotisch aber doch geradezu ‚anders herum'.[60] Es handelt sich also um etwas Ähnliches Unbestimmtes wie bei der paradox verwischten Spur der verbalen Signifikanten. Wenn schon die Zeichen unbestimmt sind, dann wenigstens die nehmen, die so anders und verkehrt herum sind, dass sich in ihnen etwas enthüllen muss, dass sie Signifikanz zeigen müssen, Signifikanz in Bezug auf die Sache selbst. Die Aufgabe des Philosophen ist es, die Dinge ausschließlich zu denken, aber heutzutage – im Zeitalter dieser vielen wissenschaftlichen und anderen Diskurse – muss man schon sehr, sehr, anders herum denken, um damit noch – gerade in Sachen Liebe und Sex – etwas zu bewirken.

Ich habe bereits erwähnt, dass man sich laut Foucault das Zeichen „Macht" ohne Machthaber, ohne Herrscher und „Sex" ohne Gesetz, ohne Normierung denken muss. Unter „Macht" versteht Foucault ein System von Kräften, Kraftlinien, „Strahlen", besser noch: ein ‚Es *Strahlt* ',

---

[60] Foucault, M., Der Wille zum Wissen, Sexualität und Wahrheit 1, Suhrkamp (1998)

was etwas mit dem Freudschen *Es* und mit dem Primärvorgang des Schautriebs zu tun hat, den auch Lacan als
ein „ultrasubjektives Ausstrahlen" bezeichnet. Und unter „Sex" versteht Foucault nicht die Sexualität, sondern
den Körper als solchen und seine Lüste, ein unmittelba-
res Sich-Entäußern, eine direkte Invokation, eine
„Sprech-Lust", ein ‚Es *Spricht*', das man verbal gar nicht
ausdrücken kann, so genussvoll ist es, aber so verdrängt
ist es eben auch, weshalb hier die Psychoanalyse an-
setzt.[61]

Foucault legt klar, dass der Eros auf jeden Fall auch etwas mit dem Wissen zu tun hat. Und zwar mit dem Wissen, das man nicht einfach durch einen Willen, auch
nicht einem Willen zum Wissen,[62] erreicht, sondern das
schon da ist, und das man daher an seiner Wurzel fassen
muss, indem man diesen ständigen Gebrauch der Liebes-
Eros-Vokabeln, dieser hohlen Signifikate, zerpflückt.
Denn, so sagt er, dass wir von Liebe und vor allem vom
Sex dauernd nur reden, und dass somit der Eros gar nicht
zum Vorschein kommt. Seine Formel von „Macht"

---

[61] Ich habe dieses ‚Es *Strahlt*' schon mit der Erwähnung der
weiblichen Libido bei J. Revieres ‚Weiblichkeit als Maskerade'
angedeutet und werde noch weitere Beispiele geben. Hier liegt
auch der Schwerpunkt des meditativen Vorgehens, das ja dem
Bild näher steht als dem Wort.
[62] Der antike Ödipus besaß solch einen Willen zum Wissen, also
einen direkten Wisstrieb, der jedoch verhängnisvoll war.

/„Sex" ist eine Basis-Formel. Die „Macht" verwischt, verdoppelt, verdreht, nur die Spur des „Sexes" und umgekehrt wird der Sex zur Machtausübung pervertiert, weil ein geradezu „gebieterischer Wille zum Wissen" die gesamte Beziehung zum Eros durchzieht.[63]

Wir glauben also, meint Foucault, Jahrhunderte lang sei die Sexualität unterdrückt worden und sei die Macht perfide gewesen, während wir doch in Wirklichkeit heute einfach nur in einer Zeit leben, in der man deswegen so viel von Sex spricht (Sexualwissenschaften, Psychoanalyse etc.), um auf die lüsternste Weise an der Macht zu partizipieren. Foucault konstatiert für die Neuzeit eine obsessive Beschäftigung mit dem Sex, die sich in einer regelrechten „diskursiven Explosion" ausdrücke. Der Sex wurde für das Bürgertum zunehmend zu etwas, „das all seine Sorgen in Anspruch genommen und das es in einer Mischung aus Angst, Neugier, Ergötzen und Fieber kultiviert hat." Sexualität wurde zum innersten Geheimnis des Subjekts, zum „Universalschlüssel, wenn es darum geht zu wissen, wer wir sind" und dadurch zu einem Gegenstand der Wissenschaft: „Man glaubt, dem Sex seine Wahrheit entreißen zu müssen, .. Er soll uns sagen, was mit uns los ist."

---

[63] Foucualt, M., Short Cuts, Das Abendland und die Wahrheit des Sexes (2001) S. 85

Zweifelsohne ist es jedoch fraglich, wo – als absolutes Reales – ein „Sex ohne Gesetz" und eine „Macht ohne Machthaber" existieren. Wir können uns das nur so denken, ausdenken, vorstellen, konstatieren und versuchen ihm ganz nahe zu kommen. Und wenn wir es ganz zu Ende bringen, wenn wir uns also nicht nur denken, wie ein solches ‚Es *Strahlt*' (Primärvorgang des Schautriebs) mit dem ‚Es *Spricht*' (Primärvorgang des Sprechtriebs) verknüpft wäre, sondern es effektiv meditieren, psychisch real werden lassen in einer massiven Selbstsublimierung, kämen wir dann nicht doch dahin, Foucaults Prämissen zu realisieren? Ich habe dies ja schon in den letzten Ansätzen des Vorkapitels angedeutet, dass das Verfahren der *Analytischen Psychokatharsis* dazu in der Lage ist, und zwar einfach dadurch, dass es durch zwei sich übereinander lagernde Übungen zu einer Eins der beiden letztlichen untergründigen Realitäten kommt. Dies ist nämlich bisher in keinem Lebens- oder Denkensbereich gelungen: im Leben, im physisch Lebendigen nicht, das es der Tod immer unterbricht, im Denken, in der Theorie nicht, weil die irgendwann die Widersprüche zu groß werden und zudem – und das gilt auch für Leben und Tod, stets die übergreifende, zusammenführende Praxis dazu fehlt.

Hier hilft auch die Chaos-Liebe von Cramer nicht weiter. Denn wenn Foucault sagt, dass es nicht die Unterdrückung des Eros ist, sondern das Herauspressen durch

Beichte, Geständnisse und (heutzutage) durch Sexual-
wissenschaft, was seine Wahrheit ist, so verhält es sich
bei Cramer nicht anders. Auch er sieht wie Foucault des
„Elend des Sexes", aber auch die schwülstigen und romantischen Vertuschungen durch eine nur-resonante Be-
geisterungsliebe und somit die Notwendigkeit, sich der
‚Chaos-Liebe' zu stellen. Allerdings verrät er wie
Foucault uns nicht die entsprechende Mathematik des
Eros, vor allem nicht die praktische Lösung dieses im
Unbewussten verbarrikadierten Problems. Denn
Foucault spricht zwar davon, dass wir eine neue „Ökonomie der Körper und der Lüste" entwickeln müssen, „in
der man nicht mehr verstehen wird, wie es den Hinter-
hältigkeiten der Sexualität und der ihr Dispositiv stüt-
zenden Macht gelingen konnte, uns dieser kargen Al-
leinherrschaft des Sexes zu unterwerfen . ."

Foucault steuert aber keinen konkreten Beitrag zu dieser
neuen Ökonomie, dieser Liebes-Schule, dieser erotolo-
gischen Praxis bei. Und Cramer enthält uns die entscheidende Nuance, den Clou seiner Resonanz-Liebestheorie
ebenso vor und liefert uns keine gebrauchsfertige Mathematik des Eros. Selbst wenn er uns als ganz wesentlich von der „unberechenbaren Liebe" spricht, gipfelt sie
für ihn doch letztlich im Korinther-Brief des Paulus über
die Liebe! Paulus, Christentum! Gewiss ein Ur-Reso-
nanzsystem unserer Kultur! Doch wo bleibt die dem

„irreversiblen Zeitmodus gehorchende Liebe", die Chaos/Liebe!?

Der Chaos/Liebe, die für Cramer doch so wichtig war und auf die es doch selbst bei einer wissenschaftlich orientierten Arbeit ankommt, der irrationalen Liebe, der chaotischen Form der Liebe, weist Cramer keine Praxis zu. Denn diese kann doch nicht im Liebesgedusel bestehen, in dem man „alles erträgt, alles glaubt, alles hofft und alles duldet".[64] Und die Thomas Mann einen seiner Akteure im Zauberberg sagen lässt: .. diese schlüpfrigen anderthalb Silben [Lie-be] mit dem Zungen-, dem Lippenlaut und dem dünnen Vokal in der Mitte wurden ihm [dem Protagonisten] auf die Dauer recht widerwärtig, eine Vorstellung verband sich für ihn damit wie von gewässerter Milch - etwas Weißbläulichem, Labberigem."[65]

Die Liebe in ihrer alltagsvergessenen Form hat also keine Konjunktur mehr. Und zum Eros, zum ‚Sex' als solchem ist man mit einer ‚ars erotica' zwar irgendwie durchgedrungen, indem man das Ziel „einer Wollust ohne Begehren und ohne Fehl" anvisierte, wie Foucault anmahnt, aber es reichte nicht aus, nicht für heute. Das Ziel eines souveränen Eros, eines Genießens im Sinne der reinsten ευδαι-μονια (Eudaimonia), Seligkeit,

---

[64] 1 Korinther 13 im NT
[65] Mann, T., Der Zauberberg, Fischer (1987) S. 175

Glückseligkeit, klingt abstrakt, wenn auch hoffnungs-
froh.[66] Doch Foucault stellt resigniert fest, dass er in der
Antike keinen direkten Beweis für einen derartigen voll-
endeten Eros gefunden hat, der „nicht durch Beherrschung sondern durch Freiheit" verwirklicht würde, was
das Mindeste ist, das man fordern sollte. Schwieriger
klingt schon der Anspruch einer vom Eros regierten
Glückseligkeit. Aber wenn man wenigstens zur Antike
zurück und dies mit der modernen Liberalität verbinden
könnte? Ich will es versuchen.

Doch zuerst nochmals zusammengefasst: Das Verbale
(Worthafte, ‚Es *Spricht*‘) und das Imaginäre (Bildhafte,
‚Es *Strahlt*‘) der Signifikanten bleibt unbestimmt, nur
eine ideale, gelungene Kombination beider Seiten,
würde einer Mathematik des Eros ihren wirklichen Ge-
halt und das dazugehörige Reale des ‚Dings‘ geben. Mit
den Begriffen einer „Wollust ohne Begehren und ohne
Fehl", die „nicht durch Beherrschung, sondern durch
Freiheit" erworben würde, hat Foucault dieser gerade
genannten Kombination eine gewisse theoretische
Grundlage gegeben, wenn sie auch beinahe utopisch
klingt. Doch der Eros ist – wesentlich besser als die

---

[66] Foucault, M., Die Sorge um sich, Sexualität und Wahrheit 3,
Suhrkamp (1989) S. 93

Physis oder der reine Geist[67] – ein guter Ausgangspunkt für eine eigene, selbstgesteuerte Lebensweise.

Dies gilt vor allem im Zeitalter überhandnehmender Fremdbestimmungen durch Fernsehen, Smartphone, Social Media und sogenannten Influencern, Einflüsterern. Die sagen auch noch ganz offen, dass sie einen unmündig machen wollen, unselbstständig, unfrei! Der Philosoph Byung-Chul Han schreibt, dass sich die Unterhaltung heute zu einem neuen Paradigma entwickelt habe. Durch das Überhandnehmen der Medien hat sie sich totalisiert.[68] „Die Unterhaltung findet unterhalb des Geschmacksurteils statt . . ihr Gegenstand . . ist bloß ‚angenehm'. Er gefällt unmittelbar den Sinnen. . . Sie [die Unterhaltung] hat keinen Zugang zur Erkenntnis. Sie vergnügt, ohne das Wissen zu erweitern." Es fehlt ihr der wirkliche Eros, der nicht angenehm ist, sondern aufwühlend und enthüllend. Daher jetzt zu etwas Konkretem.

---

[67] Man denke nur, wie sehr die Philosophen der Romantik, z. B. Schlegel, Schelling, Novalis von der reinen, ausschließlichen Geistigkeit geschwärmt haben, schön, aber zu überhöht.
[68] Byung-Chul Han, Gute Unterhaltung, Matthes & Seitz (2018) S. 9

6. Arithmetik und Topologie

Der Mathematiker Peter Scholze, von dem ich eingangs schon erwähnte, dass er vor kurzem die Fields-Medaille, quasi der Nobelpreis für Mathematik, erhalten hat, kann zu diesem Vorgehen einen weiteren Beitrag leisten. Damit werde ich nichts von großer Mathematik erzählen, die im Titel erwähnte Wissenschaft hat hier nur Rand- und Rahmenbedeutung. Trotzdem: Scholze wurde bekanntlich für seine Entwicklung sogenannter ‚perfektoider Räume' ausgezeichnet.[69] In einem Vortrag, der nicht nur für Fachleute sondern auch für interessierte Laien bestimmt war und über den die FAZ am 1. 8. 2018 berichtete, legte er sein Konzept über den Zusammenhang von Arithmetik (allgemeine Zahlenlehre) und Topologie dar. Es hat die Menschen immer schon interessiert, ob nicht Zahlen und Geometrie eng verwandt sind, sind sie doch Elemente der gleichen Wissenschaft. Scholze ging in seinem Vortrag von der einfachen Zahlengeraden (also 1,2,3,4..) aus, stellte jedoch gleich klar, dass man mit diesen fortlaufenden ganzen Zahlen in der Arithmetik nicht weit kommt.

Man muss die sogenannten Cardanischen Formeln und die gleichermaßen sogenannten Galois-Gruppen benutzen, die den allgemeinen Zahlen eine gewisse

---

[69] Perfektoid heißt ‚fast perfekt', dem Perfekten ähnlich.

Kompaktheit und Raumhaftigkeit geben, die man dann den topologischen Räumen gegenüberstellen kann, erklärte Scholze. Vereinfacht ausgedrückt: Die genannten arithmetischen Formeln bzw. Gruppen geben dem sonst unendlichen Zahlenstrang eine innere und vor allem eine ‚endliche Ordnung‘, mit der man konkret arbeiten kann und sich nicht ständig mit dem Unendlichkeitsproblem herumschlagen muss.

Doch genau so etwas existiert auch bei den topologischen Formen, man nennt sie ‚topologische Fundamentalgruppen‘, also Gruppen, in denen die topologischen Formen nach bestimmten Homotopien (strukturbezogenen Gleichartigkeiten) aufgebaut sind. Damit nämlich kann man dem uferlos Bildhaften dieser Einsteinschen

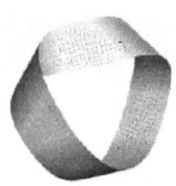

Geometrie ebenso eine Ordnung verpassen, die kompakter zu handhaben ist, so wie es bei der ‚endlichen Ordnung‘ in der Arithmetik schon beschrieben wurde, die eben kompakter ist als die Unendlichkeit.

Scholze präsentierte hinsichtlich der topologischen Homotopien das Möbius-Band (Abb. oben), bei dem eine Fläche bandartig ausgedehnt und an ihren Enden um 180 Grad verdreht zu einer Art Kreisform zusammengeklebt ist, und so eine derartige Überlagerung darstellt (die zwei Seiten überlagern sich sozusagen in einer einzigen

Flächeo. Dieses Phänomen führte Scholze zu der Behauptung (er sagte, es ist alles noch nicht so ganz präzise, aber äußerst plausibel), dass die topologischen Fundamentalgruppen, die hier stetes dreidimensional sind, identisch mit den arithmetischen Galois-Gruppen sind. Jetzt kann man von diesen zwei völlig verschiedenen Bereichen den einen in den anderen direkt überführen. Man hat in dieser Zusammenführung nunmehr ein zentrales Vermittlungselement zur Verfügung (mathematisch würde man sagen: ein Gleichheitselement bzw. -zeichen), das Scholze in seinem Vortrag auch tatsächlich zwischen Galois- und Fundamental-Gruppen gesetzt hat.

Ich gebe zu, dass der Begriff eines solchen Vermittlungselementes vage und kühn ist, wenn man es als Vergleich zu psychoanalytischen Aspekten auf der einen und meditativen auf der anderen Seite verwenden will. Er ist nicht besser als Dennetts Kultur der Meme oder als ein allgemeiner Gottesglaube, der früher als Zentrum aller Bezüge und Unterordnungen galt, auch wenn es – zum endgültigen Beweis – ein Gleichheitszeichen nicht gab.[70] Nun habe ich ja betont, dass ich das Schwergewicht auf die Praxis legen will, die ein gutes und

---

[70] Der Mathematiker Kronacher sagte: „Der Mensch hat die Mathematik erfunden, aber die Zahlen hat Gott gemacht." Das ist eine nette Geschichte, aber für eine so bedeutende Wissenschaft eigentlich zu wenig.

positives Leben garantieren soll, ohne dass etwas aufoktroyiert oder mühevoll erlernt werden muss. Damit es aber auch wirklich zutreffend und wissenschaftlich begründet ist, also nicht in Esoterik oder nur in geschönte Übungen mündet, will ich dem leicht zu erlernenden Verfahren der *Analytischen Psychokatharsis* von der Mathematik des Eros her einen sicheren und festen Rahmen geben. Es ist nur der Rahmen, doch ohne einen solchen geht es nicht. Die praktische (quasi mathematische) Seite muss jeder selbst bewältigen.

In der Psychoanalyse gibt es die erwähnte Objektbeziehungstheorie, die besagt, dass psychische Einstellungen, Affekte, Fixierungen wie ein inneres psychisches ‚Objekt' aufgefasst werden können. So spielt in der frühen Kindheit das orale ‚Objekt' in Form und als Introjekt der Brust der Mutter eine wichtige Rolle. Auch das Daumennuckeln kann diese ‚orale' Funktion übernehmen, deren Fortsetzung beim Gourmet ich schon beschrieben habe. Bringt der Mensch alle inneren ‚Objekte' in eine gute Kombination, spricht man auch von ‚guten und konstanten Objekt', das sich sozusagen einer idealen Konstitution nähert, die ich also als zentrales Vermittlungselement bezeichnete. Es herrscht dann Gleichheit zwischen innen und außen hinsichtlich jeder Art von Kommunikation.

Nun hat Lacan schon vor fünfzig Jahren in seinen Vor-
lesungen darauf hingewiesen, dass so etwas wie das
Möbiusband und andere topologische Figuren der Funktion und Form des seelisch Unbewussten ebenso entsprechen wie es auch die inneren ‚Objekte‘ sehr anschaulich
tun und wie es Scholze in seiner Vorlesung gezeigt hat.
Lacan hatte zwar immer erklärt, dass das Unbewusste
„strukturiert ist w i e eine Sprache, also worthaften Charakter hat, und es damit ja auch möglich ist, das Unbewusste aus den Träumen, den Versprechern und freien
Assoziationen heraushören, sozusagen die ‚Stimme des
Objekts‘ direkt vernehmen zu können. Doch merkte
Lacan schon früh, dass die rein sprachliche Form des
Unbewussten zu einseitig ist, und dass es eben auch
diese geometrischen und andere bildlichen Formen des
Unbewussten gibt. Echo- Spiegel-Diskurs zwischen
Arithmetik und Topologie, zwischen innen und außen
und zwischen Psychoanalyse und Meditation.

Bei einem Vortag im Brüssel 1977 sagte Lacan, anknüp-
fend an Freuds Arbeit über die Hysterie: „Das Unbewusste hat seinen Ursprung in dem Umstand, dass die
Hysterikerin nicht weiß,[71] was sie sagt, auch wenn sie
sehr wohl durch die Worte, die ihr fehlen, etwas mitteilt.

---

[71] Damals gab es noch nicht so strenge Genderdebatten, heute
würde man nicht mehr das Wort hysterisch verwenden, sondern
von neurotischen Menschen sprechen.

Denn das Unbewusste ist ein Sprachsediment, .. man ist von Worten geführt, von denen man nichts versteht. Das beginnt bereits, wenn die Leute unüberlegt drauflos sprechen; es ist ganz klar, dass sie den Worten nicht ihr Gewicht an Sinn geben."[72] Doch eben dies ist nur die eine Seite des Unbewussten. Es gibt – so Lacan also weiterhin – noch die der Geometrie (Topologie). „Was ich in dieser Geometrie, die ich ausbrüte und die ich als Geometrie .. der Weberei zu artikulieren versuche, ist eine Geometrie, die widersteht, eine Geometrie, die im Bereich dessen liegt, was ich ‚alle Frauen' nennen könnte, wenn sich die Frauen nicht gerade dadurch charakterisieren würden, ‚nicht alle', zu sein. Deshalb ist es den Frauen nicht gelungen, diese Geometrie zu schaffen, an die ich mich hänge."

Hinter diesen kuriosen Bemerkungen steckt vereinfacht gesagt, dass der Mann in einer Frau nicht alle Frauen haben kann und er deshalb immer wieder glaubt, eine andere zu brauchen oder etliche andere im Kopf hat. Darauf beruht auch der Ödipuskomplex, denn Iokaste war schöne Frau, reiche Gattin, Mutter, Königin und mehr: die scheinbare und irrtümliche Verkörperung von allen

---

[72] Lacan, J., Propos sur L'Hysterie, Quarto (Supplément belge à La lettre mensuelle de l'École freudienne), 1981, Nr. 2. Übersetzung: M. Meyer zum Wischen, zitiert nach der Veröffentlichung in lacan-entziffern.de

Frauen in einer. Der Homosexuelle verharrt bei einer Frühform von ihr, dieser ‚alle in einer‘ als der Mutter, und der Heterosexuelle sucht sich immer wieder ihre zahlreichen Spätformen und bleibt damit genauso infantil. Während die Frauen also nicht ‚alle’ sein können, gilt für den Mann, dass er als Vater ‚einer‘ sein darf, wenn die abzählbaren (hier kommt die Mathematik ins Spiel) Attribute der männlich-väterlichen Weltordnung (Freud sprach noch vom „männlichen Entwurf“ in diese Ordnung, Lacan vom ‚Vaternamen‘, eine Art von ‚Vaterordnung‘, in der die Frauen genannt und gezählt werden können) akzeptiert werden. Eben durch diese Akzeptanz, und nur durch so etwas wie sie, werden die nicht abzählbaren Jungfrauen zu abzählbaren Frauen und die Männer zu Vätern. Ich führe dies noch genauer aus, schließlich ist der Ausdruck ‚entjungfern‘ nur ein äußerliches, ganz vulgäres und mechanistisches Korrelat dieses mathematischen Schritts von der Jungfrau zur Frau und vom Mann zum Vater..

„Trotzdem sind sie [die Frauen bezüglich der Lacanschen Geometrie der Weberei] es, die dazu das Material hätten, die Web-Fäden nämlich. Vielleicht würde die Wissenschaft eine andere Wendung nehmen, wenn man aus ihr einen Webrahmen machte, das heißt etwas, das sich in Fäden auflöst,“ in weibliche Wissenschaft, könnte man ergänzen. Denn auch die Fäden können eine psychoanalytische Deutung weben und spinnen, ein

Psycho.net im wörtlichsten Sinne.[73] Den Begriff des Psycho.net habe ich in einem Buch gleichen Titels in Theorie und als die auch hier im 2. Kapitel erwähnte, praktisch anwendbare, selbsttherapeutische Methode dargelegt und erklärt. In ihr wird Psychoanalyse und Meditation als eine Netzstruktur erklärt, wie sie heute in neuronalen, in Internet- oder Sozial-Media-Netzwerken eher negativ funktioniert. Leider sieht niemand, dass es eine weibliche Netzstruktur sein sollte, die – wie E. Illouz schrieb – sich dem männlichen und kapitalistischen Blick entzieht.

Denn was Lacan nicht mehr ausführlich bearbeitet hat, und wohl auch für andere Neurosen und seelische Strukturen im Allgemeinen gilt, ist genau diese dem Weiblichen nahestehende Faden-Geometrie, die den Fundamentalgruppen des Mathematikers P. Scholze so ähnelt. Während Scholze dazu Homotopien verwendet, um die Fäden, die Linien und Flächen seiner topologischen Figuren in kompakte Gruppen einzuteilen, benutzte Lacan ,Faden-Ringe', also Schleifen, knotenartige Gebilde, die

---

[73] Ganz im Lacanschen Sinne ist die Doppeldeutigkeit des Wortes ,spinnen' im Deutschen für das Neurotische treffend. Auch spielt Lacan gerne ironisch auf das Gewebe und Gesponnene bezüglich der ,Lilien auf dem Felde' im Neuen Testament an, die nicht zu Armani oder Versace laufen müssen, sondern alles schon vorbildhaft fertig verarbeitet und gesponnen in sich haben.

er einem Haupt-Faden-Ring unterordnete, dem ‚Borromäischen Knoten, den ich bereits gezeigt habe. In meinen Büchern habe ich bereits die Fadengeometrie weiter
ausgearbeitet wie die folgende Abbildung, die von der
Malerin T. Heydecker erstellt wurde, rechts unten zeigen
soll.

Wie zu sehen ist, hat die Malerin, die
Formen- und Farbenweberin, erneut
das Möbiusband zur Demonstration
verwendet. Nur sind diesmal auch
Buchstaben darauf geschrieben, so dass die sprachlich-
linguistische und auch bildlich-topologische Form in en-
ger Verbundenheit dargestellt ist, also eines der bereits
ausführlich beschriebenen *Formel-Worte*. Beides über-
lagert sich in dieser doppelten Hinsicht und vermittelt so
die in der Abbildung geschriebene Formulierung, in der
bekannterweise in einem einzigen Schriftzug mehrere
Bedeutungen stecken. Der Idee des Psychoanalytikers
O. Dünkelsbühler folgend spreche ich hier auch gerne
von B(r)uchstaben.[74]

Denn die Buchstaben sind an Schnittstellen, wie sie ja z.
B. durch die um 180 Grad verdrehte Klebung gegeben
ist, gebrochen vermittelt. Diese B(r)uchstaben könnten
hier – rein hypothetisch – auch die Zahlengruppen

---

[74] Oudee Dünkelsbühler, U., Zeugnis und Schrift: B(r)uch-staben
an der Couch, Les Etats Généraux de la Psychanalyse (2001).

repräsentieren, aber auch die Fundamentalgruppe, indem sie eben genauso auf ein Möbiusband geschrieben, Vorder- und Rückseite wechselnd, die Ähnlichkeit zu Scholzes ‚perfektoiden Räumen' zeigen. Der Zweck dieser Abbildung ist jedoch noch ein weiterer und zudem ein noch weit vorausgegriffener. Denn das Bild- und Worthafte dieser Abbildung demonstriert nochmals in erweiterter Form das analytisch-meditativen Verfahren. Durch die Topologie kommt die linguistisch-kristalline Struktur noch deutlicher heraus, als wenn sie nur im Kreis geschrieben ist (wie in Abbildung auf Seite 25).

Was der Mathematiker also für den Hausgebrauch umständlich erklären muss (Scholzes Vortrag wurde wohl von den meisten, auch von mir, nur sehr annähernd verstanden), kann mit der Methode der *Analytischen Psychokatharsis*, in der Psychoanalyse und Meditation verbunden sind, von jedem selbst praktiziert werden. Eine theoretische Erklärung ist sicher auch notwendig, aber die Praxis ist leicht zu erlernen. Trotzdem – ich wiederhole es – ist es gut, einen Ausflug in die Mathematik zu machen, denn insbesondere in Meditationen und in der Beziehung zum Eros spielen innere Räume, die nicht real perfekt sind, eine große Rolle.[75]

---

[75] Perfektoid heißt ‚nicht ganz perfekt', der Perfektion ähnlich.

Nun kann man leicht entgegnen, dass das eine (Scholzes ‚perfektoide Räume') kaum etwas mit dem anderen (Methode der *Analytischen Psychokatharsis*) zu tun hat. Dies liegt aber nur an den äußerlich unterschiedlichen Darstellungen. Der Mathematiker muss auf die genannten komplexen Zahlenformationen und deren topologische Korrelationen zurückgreifen, indem er eine mathematisch-topologische Relevanz herstellt. Sprachlich ist alles sehr umständlich und weitschweifig ausdrückbar (noch dazu war Scholze nicht der ideale Vortragende). Dennoch glaube ich das zentrale Element seiner Theorie als das heraus-heben zu können, was die dreidimensionale Raumhaftigkeit (so nenne ich es einmal) mit der ihr immanenten Struktur des menschlichen Unbewussten zusammenführt.

Dieses seelisch Unbewusste ist also nicht nur sprachlich (linguistisch, symbolisch) und topologisch (b(r)uchstabenkranzartig, imaginär) aufgebaut, sondern eben in einem weiteren Sinne auch als bildhaft ‚perfektoider Raum', raumhaft Reales, strukturiert, was ermöglicht, mich auf das Genießens als solches beziehen. Ich habe es schon als das Genießen des Realen, das das Reale des Genießen ist, bezeichnet. Das Bild-Wirkende, das Imaginäre des Genießens, so sagte Lacan einmal, ist die Körperlust, das Symbolische des Genießens ist die Sprechlust, und für das Reale des Genießens fungieren bei ihm die Mathematiker, doch da bleibt trotz allem etwas zu abstrakt. Um uns das Reale wirklich spürbar zu machen, braucht es die erwähnte Praxis und mehr Betonung darauf.

Nur wenn man dies Strukturelle nicht so komplex ausgearbeitet verstehen muss, wie Scholze als Fach-Mathematiker gezwungen ist es zu tun, kann man mit der Mathematik im übertragenen Sinn etwas hinsichtlich des Realen anfangen.[76] Denn das Unbewusste ist ein ,perfektoider Raum', für den man zur Selbstanalyse natürlich nicht nur Zahlen, nicht nur Arithmetik und nicht nur mathematische Topologie verwenden kann, sondern im Raum gestückelte B(r)uchstaben, Phoneme, wie sie die Abbildung oben gezeigt hat, aber auch Luzides, ,ultrasubjektiv Strahlendes', ein Helligkeits-Zentrum. Die gebrochenen Phoneme eignen sich für die wissenschaftliche Präzision der Psychoanalyse genauso wie zur Meditation, können also in einem eigenen Übungsverfahren direkt praktiziert werden. Es existiert aber auch Raumhaftigkeit, die für das Kathartische, fürs luzid Meditative als einem Helligkeits-Zentrum da ist.

Dies alles zusammengefasst, als das ,Ding', stellt also den dritten, und doch völlig homotopen, homologischen (und wie ich noch zeigen will auch homophonischen) Schritt und Weg dar. Der erste Schritt war nur der mittels

---

[76] Übertragen heißt nicht allegorisch. Es ist eine präzise Nähe zur Mathematik gemeint, die ich noch weiter erläutern will.

Identität von Isomorphie (Gleichförmigkeit) der Galois- und Homotopie der Fundamentalgruppen, der zweite Schritt ist der Lacans mit der Unterscheidung in Imaginäres, Symbolisches und Reales, wobei das Reale aber immer noch zu kurz kommt. Durch ein meditatives Übungsverfahren, in dem jeder auf seine innere ‚Realität' trifft, also auf das Unbewussten in besonders realer Form, lässt sich der dritte Schritt als der beste erkennen.

Denn er verbindet die in der ersten Übung der *Analytischen Psychokatharsis* gemachte, und im 2. Kapitel beschriebene Erfahrung des ‚Körperdurchrieselns', der gesteigerten Entspannung, der kathartischen Höhe, mit den *Formel-* und *Pass-Worten* als einem Realen des Genießens, das das Genießen des Realen ist. Nur dieser direkte Moment der Höhe, die zur Ekstase, zum intensivsten Genießen führen könnte, aber durch das ständige Wiederholen der *Formel-Worte* keine Ablenkung zu so etwas zu extrem Ekstatischen zulässt, bleibt das Genießen dem Realem verhaftet, und zwar in einer Form, die dem Realen die Möglichkeit gibt, das für es typische Genießen, nämlich die ‚Wonnen des Todes', die nicht nur die Psyche euphorisieren, sondern auch den Körper ‚durchrieseln' und durchschauern, zu erfahren. Schon Goethe sagte im Faust, „das Durch-Schauern, -Schaudern ist der Menschheit bestes Teil". So etwas kann nicht ungebremst geschehen.

Denn hier ist freilich nicht ein endgültiges, totales Sterben und tot Sein gemeint, sondern eben eines, das man sich nicht selbst auferlegen kann, das also in der Leere und im Dunkel der Meditation erfahren werden kann, aber gebremst, gehalten durch das Wiederholen der nichtsagenden *Formel-Worte*. Würden sie etwas sagen, käme man nicht in die dem Tod ähnliche Regression, seelische Rückkehr, Ursprünglichkeit. Nun finden normalerweise diese beiden ‚Dinge‘ (männlich/weiblich, symbolisch/imaginäer, etc.) immer getrennt statt, und in der Psychoanalyse wird kaum jemals in die katharische Höhe eines ‚Körperdurchrieselns‘ geraten. Auch in keiner Meditation können B(r)uchstaben-Gebilde eine wahrhafte Deutung fördern, meist verhindern dies feste Mantren oder ein vorgefertigter gebetsartiger Sinn, auch wenn diese keine endgültige Lösung darstellen.

Eine solche kommt jedoch in der *Analytischen Psychokatharsis* zustande. Dort wartet am Höhepunkt dieser entspannungsreichen Katharsis, des Durchrieselns, des ‚ultrasubjektiven Ausstrahlens‘, also des betont Imaginär-Realen, das Seelische/Psychische auf eine Reaktion aus dem Unbewussten, die nur noch in Form des Symbolisch-Realen zu Tage kommen kann. Dies drängt nämlich stark aus dem Seelisch Abgespaltenem, Verdrängten, Verworfenen nach außen, wo es inmitten der Ekstase in einer Kurz-Phrase, einem *Pass-Wort* direkt innerlich hörbar wird. Der Übergang, das

Zusammen-Geschehen ist so stark, dass kein Zweifel am Genießen des Realen, das das Reale des Genießens ist, aufkommen kann. Kein anderes psychologisches Verfahren kann dies erreichen, denn entweder fehlt ihnen die Praxis des Einzelnen oder die fundierte, wissenschaftlich bewiesene Theorie.

Diese B(r)uchstaben-Phrasen haben meist auch etwas mit der frühesten Lebensphase zu tun, die Lacan diejenige des „zerstückelten Körpers" nennt (corps morcelée). Es betrifft die primärste Phase, in der das Kleinkind völlig unkontrollierte Bewegungen, unzusammenhängende Empfindungsschichtungen und Beziehungserfahrungen halbbewusst – also ohne Verständnis – durchlebt. Es gibt noch kein einheitliches Ich, da dem Kern einer ersten Ichbildung dessen Stabilität, Dauer, Festigkeit durch die genannten Vorgänge immer wieder – wenn auch nicht ganz, so doch zu Teilen – verloren geht oder auch nicht richtig zustande kommt. Das Kind erfährt sich unbewusst (vorwiegend im imaginären Bereich) sozusagen wie zerstückelt, kann sich nur für Momente einheitlich wahrnehmen. So orientierungslos könnte es gar nicht überleben, wenn es nicht in der Mutter oder jemand anderem eine Bezugsperson gäbe, die die Ichentwicklung – erst einmal zumindest ansatzweise – ermöglicht.

Ich erinnere auch nochmals an die Stückelungen der Chaos/Liebe und möchte auch die verschiedenen

Körperbilder der Psychoanalytikerin F. Dolto erwähnen (das basale, dynamische und erotische Körperbild), die selbst im Erwachsenenalter noch die Stückelungen der Frühphase zeigen. Im Erotischen kommt die Vielschichtigkeit (Vielstückeligkeit) des Körpers zutage und das *Es*, die Menge der *Es*-Stücke wird sichtbar. Vom psychosomatischen Ausgangspunkt und auch von der Mengenlehre her, die Lacan in seiner Psychoanalyse favorisiert, „ist der *Andere* [das Unbewusste *Andere*] die Menge seines Körpers",[77] und in dieser Vielfalt muss er/es erfasst werden. Er geht nicht einfach um ein Objekt, ein ganzes Körperstück, sondern er ist die ganze, komplette Zusammengesetztheit seines Seins. Und dies gilt gerade im Erotischen, wo man ein Zusammensetzungsinstrument, eine erotische Transsubstantiation benötigt, um den Eros ganz zu machen. Einfach mit einem sogenannten gemeinsamen Höhepunkt, mit Ritualen oder esoterischen Kulten, geht das nicht.[78]

Aber mit dem Lacanschen 'Ding' würde es vielleicht gehen, es hat Beziehung zur Sublimierung, insofern diese nicht psychische Abwehr oder kompromissartiges

---

[77] Lacan, J., Seminar Nr. XXI.
[78] Ich verwende den Begriff der Transsubstantiation, der aus dem Religiösen stammt (schreibe ihn aber zur Unterscheidung hier mit z), weil er plastisch die Verwandlung des durch Verdrängungen und Spaltungen verstörten Seelenkörpers in den einheitlichen Körper des Eros darstellt.

Symptom ist, sondern hochgradige Verfeinerung, hinter der es jedoch als die vollkommene Leere gähnt. „Der Unterschied zwischen dem 'Ding' und dem Objekt, der ‚chose', ist also zunächst der, dass das 'Ding' fundamental fremd ist, . . jedenfalls das erste Außen ist als das, woran sich der ganze Weg des Subjekts orientiert. Es ist ohne jeden Zweifel ein Weg der Kontrolle, der Referenz, im Verhältnis wozu? - zur Welt seiner Begehren."[79] Denn die Welt der menschlichen Begehren ist eben zerstückelt, wenn auch nicht mehr so wie in der Frühphase. Nötig ist aber ein Vereinheitlichungsverfahren, das man sich erwerben, erüben und aneignen kann. Nunmehr nicht als leeres, fremdes ‚Ding', sondern als – ich sage es nicht – denn jeder Einzelne wird ihm durch die genannten Übungen seinen Eigennamen geben.

Anders gesagt: Wir begehren zu viele Objekte, wir sind selbst innerlich zu sehr objektbezogen, und so bleiben wir unten, zu sehr geerdet, anstatt das Objekt – wie Lacan weiter ausführt – 'zur Würde des 'Dings' zu erheben', also ganz zu sublimieren, zu stabilisieren. Sublimierung heißt hier, sich in der Meditation zu erheben, zu vergeistigen, zu ‚lichten', so dass die B(r)uchstaben und die alltäglichen Dinge im 'Ding' so extrem sublimiert, verfeinert und gelockert zusammenkommen, als sei es gar nicht da. Man muss von totaler Selbstsublimierung

[79] Lacan, J., Seminar VII, Quadriga (1996) S. 66f

sprechen, will man in seine Nähe geraten. Denn wie soll diese hochgradige Verfeinerung zu Stande kommen, wenn nicht aus dem Selbst heraus im direktesten Weg, der voll Eros ist, aber nicht Narzissmus, nicht romantisiertes Verliebtsein, nicht heruntergeleierte Caritas und nicht von den Beziehungen des ‚skopischen Kapitalismus‘ gesteuert ist, um E. Illouz nochmals zu zitieren?

Was genau also? „Eine Wollust“ eben, die „ohne Begehren und ohne Fehl“ ist, wie wir es von Foucault gehört haben, und die „nicht durch Beherrschung, sondern durch Freiheit“ verwirklicht wird. Es handelt sich wohl um etwas, das der Ekstase des Mystikers ähnelt, oder dem Glücksgefühl des Archäologen, der eine Jahrtausende alte Stadt ausgräbt und Kulturschätze ungeheuren Ausmaßes findet, oder dem Mathematiker, der die Weltformel entdeckt – nein, das wäre wohl zu paranoisch gedacht. Es gibt keinen zutreffenden Vergleich außer dem mit dem Realen des Genießens, das das Genießen des Realen ist.. Die Selbstsublimierung bis zur Wahrheit des ‚Dings‘ ist etwas, das man wohl selbst praktisch erlernen und erfahren muss. Und um theoretisch zu erklären, wie das geht, will ich dem mathematischen Eros noch besser ergründen, denn auch wenn ich ihn ja schon mit der Kombination des *Strahlt / Spricht* bezeichnet habe, ist es noch nicht gut genug gesagt.

Ich will im nächsten Kapitel zeigen, dass es sich dabei nicht um originäre Mathematik handeln muss, sondern um eine an die Mathematik angelehnte, elementar analoge, fast ekstatische Form der Mathematik, wie sie auch von Lacan verwendet wurde. Lacan muss man eher als Axiomatiker verstehen, denn sein Schwergewicht lag auf dem Primärsprachlichem des vom Eros her bestimmten sowohl symbolischen, imaginärem, wie auch realem Unbewussten, von dem aus er seine Formeln entwickelte. Und so kommen ja auch die originären Mathematiker nicht ohne die Sprache aus und müssen sich fragen lassen, was sie eigentlich machen und wo sie im Kontext aller Wissenschaften stehen. Sie können nicht mehr Arithmetik mit den bisher empirisch unbestätigten ersten ganzen Zahlen (1, 2, 3, 4, 5, etc,) anfangen, sondern mit der Eins, die eine Null repräsentiert für eine andere Eins, mit einem Imaginären also, das ein Symbolisches repräsentiert für ein Reales, mit dem man nicht mehr rechnen muss, sondern es als Parade Beispiel für alle Bereiche des Lebens konstatieren kann.

7. Die Mathematik des Unbewussten

Für den Mathematiker stellen also die ‚perfektoiden Räume' das Ergebnis aus der Gleichung Galoisgruppen = Fundamentalgruppen dar. Genauso hat des P. Scholze an die Tafel geschrieben, wobei er etwas verlegen war, ob dies nicht zu einfach klingen würde. Doch jede Fachwissenschaft kann ihre Erkenntnis letztlich auch in einer einfachen Form ausdrücken. Für Einstein war dies vor inzwischen etlicher Zeit die Formel $E = mc^2$ (Energie = Masse mal Lichtgeschwindigkeit im Quadrat), die zentrale Vermittlungsformel seiner Physik. Bei Scholze sind es nun die ‚perfektoiden Räume', unter denen man sich zwar nicht einfache Räume vorstellen darf, wie er sagte, dennoch aber Dreidimensionalität.

Ich erwähne nochmals die Räume des Unbewussten in der Theorie Freuds. Am Forum Romanum, meinte Freud, könne man moderne Gebäude sehen, die über der Ruine einer mittelalterlichen Kirche errichtet worden seien, welche ebenfalls über dem Rest eines antiken Bauwerks aufgebaut worden war. Diese historische ineinander Schachtelung hat ja etwas mit der Topologie zu tun, indem z. B. die zwei Seiten des Möbiusbandes so übereinander gelagert sind, dass sie nur eine Fläche ergeben. Nun verhält sich dies wie gesagt bei den Signifikanten Lacans nicht anders. Auch diese überlappen sich an ihren bedeutungsbewirkenden Stellen, so dass Lacan von diesen Stellen als den „Polsterknöpfen" sprach, wie man sie früher auf den alten Chaiselonguen und Lehnsesseln fand, wo sie die Polsterungen zusammenhielten.

Wenn Scholze diese sich überkreuzenden Stellen Knoten nennt, die die Primzahlen darstellen, so ist dies eine interessante mathematische Spezialität, die man gut so stehen lassen kann. Das Geheimnis dieser Zahlen wird dadurch klarer, indem man sie nicht mehr bis in alle Unendlichkeit errechnen muss (was heute nur noch Computer können und was im Moment angeblich bei einer Zahl über 23 Millionen, 249 Tausend Ziffern liegt), sondern dass man sie im komplexen Raum auf- und umeinander gewickelt begreifen kann. Auch die Lacansche Geometrie der imaginär-bildhaften „Fadenringe" (Kreise des Knotens), die ich eingangs als das Pendant zu den verbalen Signifikanten erwähnt habe, muss man nicht weiter ausführen. Vor allem über die immer wieder neuen Versuche Lacans die „Fadenringe" in andere Kombinationen zu bringen, machte sich seine Biographin E. Roudinesco nur noch lustig.[80] Sie enthalten vielleicht ein paar psychoanalytisch theoretische Besonderheiten, wovon lediglich die des Viererknotens erwähnenswert ist.

---

[80] Roudinesco, E., Jacques Lacan: Bericht über ein Leben, Geschichte eines Denksystems, Turia & Kant (2011)

Dieser Knoten geht eben über den oben gezeigten Borromäischen Dreierknoten hinaus, der das Symbolische, Imaginäre und Reale ausreichend gut verbindet. Im Falle des Dichters J. Joyce spricht Lacan dessen psychotischen Hintergrund an, was heißt, dass der Dreierknoten sich in Joyce Falle zu sehr gelockert, um nicht zu sagen aufgelöst darstellt. Joyce ist in bedrohlicher Weise krank, imaginärer und symbolischer Ring driften auseinander, sein Buch ‚Finnegans Wake' ist kaum noch zu verstehen. Ähnlich war es Ezra Pound ergangen, als er das folgende Gedicht schrieb:

Ad posteros urbem donat, Artemis gemünzt
All goods light against coin-skill
If there be 400 muontains for copper
Flußgold stammt aus Ko Lu;
  Preis von XREIA her;
Yao und Schun herrschen mit Jade
Dass sich die Göttin in ihr kristallisierte
Dies der Ritus des Korns
Luigi auf dem Bergpfad
  Dies der Ritus des Korns.[81]

Im Gegensatz zu Joyce landete Pound tatsächlich längere Zeit in der Psychiatrie, der Dreierknoten war geplatzt, und so findet Lacan im Falle Joyce ein rettendes

---

[81] Pound, E., Cantos, DTV (1989)

‚Viertes': es ist Joyce virtuose, den modernen Zeitver-
hältnissen nahe und erotisch gewaltige Dichtung, sowie
sein Kampf um den Glauben, die Joyce als einen Genius
zeigen, der mit dem vierten Ring die drei anderen zu-
sammenhalten konnte. Lacan drückt dies wortspielerisch
mit ‚Sainthomme' (Heiliger), das gleichklingend ist mit
Symptom (Kranker) und auch mit ‚Sinthom" (Sünder),
aus und lässt in dieser Homophonie, in diesem Drei-
klang, den Zusammenhang erklingen.

Diese Homophonie findet wiederum eine Parallelität in
der Homotopie (der Gleichförmigkeit) der Scholzeschen
Fundamentalgruppen – nebenbei gesagt. Selbst wenn
also die drei Ringe des Knoten auseinandergedriftet
sind, diese Dreiheit von Wesensbezeichnungen hält sie
wieder als ‚Viertes' irgendwie zusammen (siehe neben-
stehende Abb. des Viererknotens mit der zusätzlichen
Schlinge). Diese Zusammenhangsdynamik gilt auch für
jeden, der den Ödipuskomplex erfolgreich durchlaufen
hat (bei gleichzeitig normalem Zusammenhalt des Drei-
erknotens). Das ‚Vierte' kann auch die Religion sein,
wenn man sie nicht durch eine Konfession eingeengt,
sondern durch weitgehende Sublimation und tätige reli-
giös-theologische Praxis aus der ‚Ex-Sistenz' heraus
verwirklicht hat.[82]

---

[82] ‚Ex-Sistenz' heißt hier, dass er/es nur von außen (ex) her besteht und verharrt (sistiert).

Die haltende vierte Schlinge kann auch das Lebenswerk 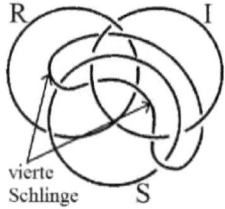 eines großen bildenden Künstlers sein, wenn damit auch kulturelle und gesellschaftliche Verhält- nisse einbezogen sind, wie es vielleicht bei Leonardo da Vinci der Fall war. Und es trifft auch für die Freudsche und Lacansche Psychoanalyse und vor allem – und deswegen erzähle ich ausnahmsweise noch einmal solch eine Lacansche Besonderheit – für die *Ana- lytische Psychokatharsis* und die in ihr verborgene ma- thematisch-erotische Praxis zu, wenn es gelingen sollte, vielen Menschen dadurch eine neue, reife Lebensweise zu vermitteln. Selbst wenn also jemand psychisch sehr gestört oder psychosomatisch erkrankt ist, der Knoten von Symbolischen, Imaginärem und Realem somit sehr gelockert ist, können die Übungen der *Analytischen Psychokatharsis* den ,vierten Ring' dazugeben, um den völligen Halt wieder herzustellen. Dafür werde ich noch die logischen Beweise und die praktischen Beispiele ge- ben.

Es wird jedoch auch ersichtlich werden, wie das von mir inaugurierte Verfahren von der klassischen Psychoana- lyse abweicht ohne deren Grundlagen zu verletzen. Lacan hat diesen Viererknoten erst in einem seiner letz- ten Seminare vorgestellt, nachdem er erkannt hat, dass ganz große Kunst oder ähnliche besondere Zugangs-

wege zum Unbewussten von der Psychoanalyse her zu
wenig gewürdigt wurden und daher erweitert werden
müssen. Der Eros wohnt nicht nur im Freudschen Unbewussten, er wohnt also auch in der Kunst, in den Körper-
techniken (Tanz, Sport etc.) oder in der gesellschaftli-
chen Kommunikation. Und wohnt er nicht auch ganz in
sich selbst, also ohne ein Zutun von außen, es sei denn
mit Hilfe der Mathematik oder des analytisch-kathartischen Verfahrens?

„Die Mathematik ist die Wissenschaft vom Unendlichen", sagte der Mathematiker H. Weyl. „Das Unendliche selbst ist keine Zahl. Es ist deren Hintergrund, ohne
den das Zählen selbst undenkbar wäre", schreibt auch
der Mathematiker Taschner.[83] Trotz dieser Aussagen ist
das Zählen bis heute äußerst problematisch geblieben.
Die Sache hat damit begonnen, dass man von einem „abzählbaren" und einem „überabzählbaren" Unendlichen
gesprochen hat, wobei man irgendwie dann auch an ein
„nicht abzählbares" Unendliches denkt, das für den Mathematiker freilich ein Horror wäre, denn dann hätte ja
Zählen keinen Sinn mehr. Immerhin, eine Wissenschaft
vom Unendlichen ist eine konkrete Aussage und eine
gute Definition. Und auch, dass das Unendliche selbst
keine Zahl ist, klingt logisch. „Das Unendliche ist ein

---

[83] Taschner, R., Die Zahl, die aus der Kälte kam, Hanser (2013) S.
210

Grenzbegriff, der sich dem Zugriff durch das Denken ewig entzieht."[83] Mathematiker wie G. Cantor haben dennoch mit Zahlen (Aleph 0 und 1) versucht, das Unendliche rechnerisch zu erfassen.[84]

Der bekannte Mathematiker K. Gödel ist wohl mit aus diesen Gründen, nämlich der Schwierigkeit des Endlichen und Unendlichen mit Zahlen und dem Zählen beizukommen, mehr oder weniger gescheitert. Er muss wohl auch eine Persönlichkeitsstörung gehabt haben, denn er wurde so paranoisch, dass er wegen eines Vergiftungswahns durch Verhungern starb. Vorher hatte er jedoch großen Erfolg mit seinem Unvollständigkeitssatz, dass in jedem „logisch widerspruchsfreien System", das die Arithmetik der Zahlen in sich beherbergt, Sätze existieren, „von denen prinzipiell nicht

---

[84] Ob es ihm gelungen ist, ist schwer zu sagen. Eine Stellungnahme lässt sich am besten vermittels des Buches zu Cantors Arbeit von D. F. Wallace „Die Entdeckung des Unendlichen" herauskristallisieren. Wallace wurde eigentlich durch sein Kultbuch „Unendlicher Spaß" im Jargon von Außenseitermilieus berühmt. Er war jedoch primär Mathematiker und es ist ganz ersichtlich, dass er in dem oben zitierten Buch versuchte, Cantors Theorie unendlicher Mengen in seiner belletristischen Underdog-Sprache darzustellen. Dies ist ihm jedoch nicht gelungen. Ich denke, dass Wallace sich in Literarisches und Mathematisches als faszinierende strukturelle Elemente verstrickte und deswegen schwer depressiv war und durch Suizid endete. Auch Cantor war schwer gemütskrank.

entschieden werden kann, ob sie wahr sind oder nicht." Grundsätzlich hieß dies, dass die gesamte Mathematik nur von einem Punkt außerhalb ihrer selbst beurteilt werden kann,

Dies haben ihm vielleicht die Psychoanalytiker voraus, vor allem Lacan mit seiner Übersetzung der Freud'schen analogen Begriffe in die digitale Wissenschaft. Für Lacan beginnt das Unbewusste mit der leeren Menge, was ungefähr der Null entspricht. Wenn diese leere Menge – die man auch das Freud'sche Urverdrängte nennen kann[85] – das einzige Element einer anderen Menge ist, hat man die Eins, also das Unbewusste samt seinem *Es*, Überich und Ich-Idealen, samt seinen Verdrängungen und Verknotungen, also all das Endliche, das dem Unendlichen der Null und der leeren Menge entgegensteht. Denn das Unendliche ist nicht unbedingt das unendlich Viele, sondern auch das unendlich Einsame, Langweilige und schrecklich Depressive.

Eben, das ist es ja, was alle Wissenschaften eint, dass sie eigentlich Nichts sind, immer nur noch am Anfang stehen und doch in einer Fülle existieren, die immer Neues

---

[85] Vor der Ur-Verdrängung, die für Freud eine erste Verdrängung oder eine reine psychische Gegenbesetzung darstellt, war der Mensch – psychoanalytisch gesehen – noch nicht Mensch, also bereits als Menge da, aber leer. Die leere Menge ist das Bildhafte, durch das Worthafte bekommt sie Elemente.

zu Tage fördern kann. So repräsentiert die Eins, die z. B. der Analytiker ist, nicht gerade eine Null, aber doch ein Weniges, Fragliches, weil er unbekannt ist, für die andere Eins, die der Patient ist, und umgekehrt. Zwei Einsen stehen sich gegenüber, sind aber durch die Notation des Unbewussten nur ein Weniges füreinander, es sei denn, sie schaffen es, durch eine behutsamst begonnene Kommunikation, durch ein vorsichtigst mit Authentizität und Ernsthaftigkeit gestaltetes Gespräch diesen Null-Eins-Abstand eine wirkliche Zahl zu geben. Kurz etwas, womit man wirklich zählen kann.

Von der Psychoanalyse her gesehen kann man sagen, dass man den Mathematikern wie den psychisch Kranken ihre Widerstände lassen muss, d. h. zumindest diejenigen, die man nicht auflösen kann. Nur so kann sich ein wahres Gespräch entwickeln, auch wenn in ihm das Unendliche eines nicht letztlich abschließbaren Gesprächs lauert. Auch S. Freud hatte ja von der endlichen und unendlichen Analyse gesprochen, denen sich der Patient oder Proband unterzieht. Solange dieser noch etwas zu seinem Psychoanalytiker zu sagen hat, ist die Analyse noch nicht völlig beendet und könnte hypothetisch unendlich weitergehen.

Und so stellt sich eben auch bei der Psychoanalyse die Frage, wie man mit dem Wesen des Endlichen und Unendlichen umgeht. In der alltäglichen Praxis sieht dies meist so aus, dass sich Analytiker und Patient mehr oder weniger kompromissartig auf ein Ende einigen und analytische Psychotherapien meist nach ca. 150 bis 300 Sitzungsstunden enden. Vom Unendlichen ist also hier keine Rede. Dennoch ist es erlaubt, rein theoretisch von der unendlichen Analyse zu sprechen und wirkt das Unendliche ohnehin stets in die Endlichkeit von uns Menschen hinein.

Die leere Menge, die den Anfang macht, ist nichts anderes als die Apodiktik des Herrn, des Potentaten, der den Kindern lauthals verbietet, auf dem Rassen Fußball zu spielen und man das Gefühl hat, er tut dies nur, weil er selbst gerne herumtoben würde. Er will vielleicht nicht Fußball spielen, aber sich auszutoben würde ihm schon gefallen. So wird sein Sprechen, sein Schimpfen, unsinnig, aber er verdrängt damit auch seine Lust, den Spaß sich auszuleben. Damit bleibt die Menge leer. Es geschieht viel, es entleert aber das eigentliche Geschehen und das Ganze verbleibt auf unendliche Weise im Endlichen. So ist auch die Psychoanalyse des Sexuellen zu verstehen. Das Verbot täuscht und verhindert das Genießen, gleichzeitig erzeugt es aber auch das Begehren, es zu übertreten. Die herkömmliche Mathematik ist keine sinnlose Wissenschaft, auch wenn keine ihrer Handlungen auf einen konkreten Sinn bezogen sind. Deswegen verführt sie auch so leicht zu Gemüts- und Geisteskrankheiten.

Die Physiker und Mathematiker A. Sokal und B. Bricmont haben deswegen gemeint, Lacan verwechsle die imaginären mit den irrealen Zahlen. Damit sind sie selbst dem Unsinn zum Opfer gefallen.[86] Lacan sagte nämlich umgekehrt, dass die von den Mathematik erfundene imaginäre Zahl (i = Quadratwurzel aus minus Eins) für die Menschen etwas allgemein Irrationales sei, also etwas, was schon den jungen Törleß in Musils gleichnamigen Roman äußerst verwirrte,[87] und auch heute noch vielen Menschen Kopfzerbrechen bereitet. Nun hat sich der Mathematiker E. Kleinert sehr gründlich mit dem Thema Psychoanalyse und Mathematik beschäftigt.

Zuerst schreibt er: „Schließlich und vor allem besteht Mathematik nicht (und bestand auch nie) aus Formeln allein; der Hauptzweck aller Mathematik ist vielmehr, eine Ordnung von Begriffen herzustellen. Prinzipiell kann jeder Gegenstandsbereich mathematisiert werden, sobald nur die Grundbegriffe, die zu seiner Beschreibung dienen, hinreichend scharf gefasst und voneinander abgesetzt sind."[88] Sodann erklärt Kleinert, dass Lacan „mathematischen Unsinn" produziert habe und verlässt

---

[86] Sokal, A., Bricmont, J., Eleganter Unsinn, C. H. Beck (1999)
[87] Musil, R., Die Verwirrungen des Zöglings Törleß, Rowohlt (2008)
[88] Kleinert, E., Mathematik und Psychoanalyse: Versuch einer Annäherung: in Hamburger Beiträge zur Mathematik Nr. 316, September 2008

sich dabei auch auf die gerade erwähnten Autoren Sokal und Bricmont, die also selbst Unsinn produzierten. Doch mit weiteren Psychoanalytikern (Sciacchitano, Matte Blanco, Bion) geht er korrekt um und anerkennt insbesondere bei Bion dessen Bemühungen, kommt jedoch trotzdem stets erneut zu dem Schluss, dass sie mathematisch fehlerhaft und völlig unzureichend argumentieren.

Aus der Blickrichtung des Mathematikers ist dies auch ganz in Ordnung. Schuld sind die Psychoanalytiker selber, weil sie ihre Wissenschaft zu weit und zu zahlenbetont mathematisieren wollen. Im weiteren Verlauf seiner sehr interessanten Abhandlung kommt Kleinert jedoch auf Freuds Traumdeutung zu sprechen, und kann in diesem Punkt gelungene Anhaltspunkte für ein mathematisches Vorgehen finden. Er findet hier Szenisches, das durch bildhafte Ähnlichkeiten und Sprachliches (Wortanklänge), das durch Kategoriales bezeichnet ist. „Die Bestandstücke einer Szene tragen Namen, und diese können durch Anklänge miteinander verbunden sein," schreibt Kleinert. Ich erkenne darin das *Strahlt* (Szenen, Spiegelungen) und *Spricht* (Namen, Echodiskurse) wieder. Doch letztlich kommt es darauf gar nicht an. Mir geht es ja nicht um den Zusammenhang von Mathematik und Psychoanalyse, sondern um den von Mathematik und Eros.

Immerhin schließt Kleinert seinen Text mit der Bemerkung, es könnte ja auch umgekehrt eine Psychoanalyse des Mathematischen geben. Sie könnte zeigen, wie der „innere mathematische Apparat, einmal nachhaltig in Gang gesetzt, sozusagen unterirdisch fortminiert und ganz unvorhersehbar, oft bei fernliegenden Beschäftigungen, eine Idee ins Bewusstsein hinaufschickt", sozusagen als plötzliches Auftreten eines Geistesblitzes aus dem Unbewussten. Dies tut der Kulturwissenschaftler und Philosoph A. Plotnitzky, indem er sich in einer ausführlichen Stellungnahme mit dem Zusammenhang von Mathematik und Psychoanalyse – und zwar ganz speziell bezogen auf Lacan – beschäftigte. Er fragte sich, „ob Lacan wirklich über den Penis und die Quadratwurzel aus minus 1 mit offenem Gesichtsausdruck gesprochen habe, wie in der NY-Times berichtet wurde"? [89]

Ja, nur dass es sich nicht um den Penis handelte, sondern wieder um Φ, „das von Lacan theoretisiert", so Plotnitzky weiter, „als symbolisches Objekt angesehen werden kann, insbesondere als Signifikant, der den Signifikanten, denen man bei komplexen Zahlen begegnet, epistemologisch ähnlich ist." Mit anderen Worten: es geht bei diesem Vergleich von $\sqrt{-1}$ und Φ um eine Analogie, wie sie auch D. Hofstadter (bekannt aus dem

---

[89] Plotnitzky, A., On Lacan and Mathematics, Alphaville.com (2009)

Buch Escher, Gödel, Bach) als wissenschaftlich fundiert beschrieben hat.[90] Genau in diesem Sinne meint Plotnitzky, man müsse eben akademische Mathematik und die Mathematik Lacans nebeneinander stehen lassen und vom Konzept der Signifikanten ausgehen, mit denen ja auch die Axiome und Algorithmen definiert werden. Zudem: es klingt ja sehr witzig, dass der Penis der Wurzel aus minus 1 ähnelt, dieser irren, ‚unmöglichen‘ Zahl.

Ich kann diese kuriose Mathematik mit einer weiteren kuriosen Geschichte eines Freud'schen Versprechers bestätigen. Eine Patientin von mir wollte darüber sprechen, wie man denn das Übel ihrer Ehe an der Wurzel packen könnte. Sie sagte jedoch spontan: „Die Wurzel ist das Übel." Was in einer Rede während einer psychoanalytischen Sitzung bezüglich des Ehemannes die ‚Wurzel‘ ist, war nicht schwer zu erraten. Φ natürlich, der Phallus, der in dem Versprecher der Patientin exakt wie die ‚Wurzel‘ aus minus 1 als danebengegangen, irrational und als übel daherkommt. Der gute Ehemann brachte seine ‚Wurzel‘ zu häufig und zu heftig ins Spiel, und dies belastete die Frau. Therapeutisch war somit das Übel tatsächlich an seiner ‚Wurzel‘ gepackt worden, und überhaupt lässt sich dazu gut sagen, dass ‚Wurzel‘ ein idealer

---

[90] Hofstadter, D., Die Analogie, Klett-Cotta (2014)

Signifikant ist. Vielleicht sollte man ‚irre Wurzel' statt Φ sagen, aber würde dies etwas ändern?

Wenn zu viel v Φ on diesen wissenschaftlichen Theorien gesprochen wird, spürt man, dass dies nur geschieht, weil das eigentliche ‚Ding' zu kurz kommt. Aber man darf auch nicht glauben, dass Esoterik, Naturliebe, ständige Wellness, Gesellschafts- und Videospiele, gutes Essen und Trinken, zwanghaftes Reisen in exotische Länder und vieles andere mehr diese Trockenheit unserer Wissenschaftskultur ausgleichen können. All dies vertieft nur den Schnitt zwischen Φ und Ψ, zwischen dem Freudschen und dem weiblichen, dem autochthonen Genießen, das die Psychoanalytikerin R. Golan wie schon betont in ihren Büchern besonders gut herausgestellt hat. Das Weibliche bezieht sich auf eine andere Form des *Genießens* als die der simplen phallischen Lust, schreibt sie. Die weibliche Form des *Genießens* schließt auch Schmerz und Leid ein, „beinhaltet aber auch Universalität, Höhe, Grenzenlosigkeit, Erkenntnis / Erleuchtung, Wissen, Freiheit und Glückseligkeit."[91] Alles großartige, erotische Matheme, die das Genießen des Körpers als solchem, oder wie Lacan es sagt, das „Genießen des *Anderen* vom anderen Geschlecht bedeutet."[92]

---

[91] Golan, R. Loving Psychoanalysis, Karnak (2006)
[92] Lacan, J., Seminar XXII, Staferla, S. 16

Dazu muss man nur nochmals ergänzen, dass das Genießen, das von der Ex-Sistenz her kommt (siehe Fußnote
87) auch unter dem Aspekt vom Φ her gesagt werden
kann. „Was sagt Freud anderes, wenn er erklärt, dass der
phallische Trieb nicht der genitale ist? Der genitale Trieb
ist beim Mann/Menschen überhaupt nicht natürlich. Und
gäbe es nicht das Symbolische, diesen Teufel, der ihn in
den Hintern stößt, damit er letztendlich ejakuliert und
das Ganze zu etwas nütze ist, gäbe es schon längst diese
Sprechwesen nicht mehr – diese Wesen, die nicht einfach sprechen, um zu sein, sondern die Sprechwesen
durch das Sein sind, was wirklich der Gipfel der Flüch-
tigkeit ist."[92]

Ich kann dennoch Φ und Ψ hier zusammenstellen, weil
man in der *Analytischen Psychokatharsis* an das Genießen von der anderen Seite her herankommt, und da kann
man nicht immer zuerst auf das rekurrieren, was kausal
im Unbewussten als Φ repräsentiert hat. Denn es gibt
auch – selbst im Unbewussten – ein Finales, also etwas,
das eher auf die Zukunft und die Möglichkeiten hin-
weist. Schließlich hat man in der Antike Träume immer
in dieser Richtung hin, also aufs Prophetische hin, gedeutet. Das heißt nun nicht, dass man so mythisch unge-
nau werden darf, wie es damals üblich war. Aber gerade
in der Mathematik des Unbewussten und seines Eros,
nämlich auf die Lösungen von Gleichungen, auf die es
ankommt, zeigt sich die Betonung des Finalen.

Letztendlich werden Φ und Ψ im ‚Ding' zusammenkommen, sie werden darüber hinausführen, was die reine, universitäre Mathematik vermag, aber auch was die herkömmliche Psychoanalyse mit ihrer Bevorzugung des Kausalen vermag.

Letztlich: Es „steht sicher nicht Verdrängung dem mathematischen Denken im Wege", wie Kleinert richtig vermerkt, wohl aber Schnitt, Spaltung, die er nicht kennt. In den ersten Identifizierungen spaltet man von sich etwas ab, denn man kann sich nur mit einem bestimmten, einem charakteristischen Zug des Objekts identifizieren, nicht gleich mit der komplexen Ganzheit. Die Mathematiker haben sich von den Alltagsproblemen und dem lebendigen Dasein weitgehend abgespalten, auch Scholzes großartige Entdeckung bringt dem Mann auf der Straße nichts. Recht hat Kleinert jedoch, dass es „vor allem aber . . sein könnte, dass ein ernsthafter Versuch, seelische Vorgänge mathematisch darzustellen, einmal eine ganz neue Art Mathematik hervorbringt." Es wird die Mathematik des Eros sein, eine Mathematik also, die sich zwar um eine Zustimmung des Mathematikers bemüht, aber nicht um jeden Preis. Denn freilich ist nicht zu erwarten, dass Mathematiker eine Eins von einer anderen Eins unterscheiden wollen, auch wenn Euklid selbst es ihnen vor mehr als zweitausend Jahren schon vorgemacht hat, als er μόνος (monos) von ἕν (hen) unterschied, wo doch beides ‚Eins' bedeutet.

In dieser neuen Art der Mathematik stellen die ‚perfektoiden Räume‘ das ‚Es *Strahlt*‘ dar, denn es geht ja um die reinen Linien, Strahlen, Koordinaten, die im Sinne der geometrischen Fundamentalgruppen wirken. Dieses ‚Es *Strahlt*‘ würde den Eros in einer Form des Imaginär-Realen wild wuchern lassen, gäbe es nicht noch das ‚Es *Spricht*‘, das ich dem Axiomatischen, Arithmetischen auch im Sinne der Galois-Gruppen zurechne, wobei P. Scholze beide im Sinne einer perfekten Kombination durch ein Gleichheitszeichen verbindet. So etwas Direktes kann ich hier nicht bieten, eben das überlässt man besser den ausschließlichen Mathematikern. Machbar ist es jedoch, die Kombination des *Strahlt / Spricht* so zu schreiben.

Denn der Schrägstrich trennt und verbindet beide Grundelemente, Triebe, Prinzipien – ich kann mir leisten, sie so aufzulisten – im Sinne einer Kombination, die ja jeder Einzelne ganz subjektbezogen und doch wissenschaftlich fundiert, wie es in der Psychoanalyse üblich ist, für sich selbst kreieren kann. Da liegt der Sprung in die wirklichen Meme, in eine Wissenschaft v o m Subjekt, in eine fundierte Mathematik des Eros als Spiegel-Echo-Dis-kurs.

8. Eine Erotologie

Lacan hat die Psychoanalyse auch eine „der Liebe unterstellte Wissenschaft" genannt.[93] Mit ihrem Begriff der ,Übertragungsliebe' umfasst die Psychoanalyse das Wesen des Erotischen, Amourösen und Sexuellen in einem in sich geschlossenen Zusammenhang, wie ich ihn schon eingangs benutzt habe. Übertragungsliebe heißt, dass der Patient in der psychoanalytischen Therapie Bedeutungen aus früheren oder anderswo her stammenden Beziehungen auf den Analytiker in einer eben positiven, libidinös gefärbten Form überträgt. Diese Übertragung inadäquater Inhalte gibt dem Therapeuten die Möglichkeit aus dieser Übertragungsbeziehung heraus Interpretationen unbewussten psychischen Geschehens zu geben und so die Inadäquatheit bewusst werden zu lassen. Die funktioniert jedoch bei mehr wahnhaft Kranken nicht so einfach.

Freud hatte bekanntlich in der Krankengeschichte des Senatspräsidenten D. P. Schreber und dessen darüber verfassten Eigenbericht eine laienhafte und paranoisch gestaltete Version seiner tiefenpsychologischen Sexualtheorie sehen können und versucht, sie psychoana-

---

[93] Lacan, J., Le transfert, Seminaire Nr. XIII, edition seuil (1991) S. 81

lytisch, wissenschaftlich um zu interpretieren. [94] Ich glaube, dass mir für die Mathematik des Eros dies auch aus den Materialien einiger meiner Patienten gelingen könnte. Wo es bei Schreber mehr ums Paranoische und Transsexuelle ging, ging es bei meinen Patienten mehr um eine Persönlichkeitsstörung und allgemeinen Sexismus.[95] Schließlich war es auch die Zeit, in der die ersten Kinsey-Reports erschienen und Masters und Johnson experimentell einen Glas-Penis in die Vagina einführten, um genauer zu verstehen was im so genannten Sexualakt passierte.

Masters und Johnson waren also eine der ersten, die versucht haben, dieses unteilbar Sexuelle sichtbar zu machen für die, die es nicht sehen konnten, d. h. die sexuell gestört waren. Das gab einen Aufruhr! Diese frivole Art, Sexuelles zu messen wie Meterware, so wie man einst die geheimnisvolle quinta essentia der Alchemie einfach im chemischen Labor in physisch fassbare Moleküle auflöste! Noch dazu, wie sie dann, nüchterne Forscher, die sie waren, schließlich eine Ehe eingingen, als wäre es nicht mehr zu ertragen gewesen, die vielen theoretischen und kalt-experimentellen Ergebnisse nicht auch in

---

[94] Schreber, D. P., Denkwürdigkeiten eines Nervenkranken, Holzinger (2013)
[95] Schreber hielt sich für das Weib Gottes. Freud hielt ihn für latent homosexuell, aber es handelt sich wohl eher um Transsexualität, siehe Kapitel 9.

erwärmter Praxis selber auszuprobieren. So etwas musste die beiden schon als Hexenpaar erscheinen lassen. Doch die Endresultate waren eher mager. Außer den Anfängen einer stark verhaltens-therapeutisch aufgebauten Sexualtherapie ist nicht mehr viel geblieben. Und zudem wurde die Ehe der beiden schon bald wieder geschieden! Leider war also die „sexuelle Liebe" doch wieder teilbar, und ist es geblieben.

Vor siebzig Jahren hat dies alles noch ganz harmlos angefangen mit Autorinnen wie Betty Friedham oder Simone de Beauvoir über die sexuelle Emanzipation der Frau. Und auch Henry Miller hatte schon mit ein paar kernigen Sprüchen zur Universalität des weiblichen Sexualorgans die Mentalität des herkömmlichen Spießbürgertums aufgelockert.[96] In der Literatur versuchte man mit markigen Sentenzen über das übliche sexuelle Gerede hinauszugehen, als z. B. Elfriede Jelinek mit ihren Büchern auf den Markt kam. In ihren Werken wie ‚Die Klavierspielerin' oder ‚Lust' kamen öfter als einmal Worte wie ficken oder Titten vor. Die Figuren Jelineks sind getrieben von zermürbenden Sexualvorstellungen und grotesken Liebessehnsüchten. Trotz ihrer fortschrittlichen Wortwahl waren viele Literaten entsetzt,

---

[96] Miller behauptete, „eine Möse ist, selbst wenn sie riecht, immer noch das beste Symbol für den Zusammenhalt des Universums."

als Jelinek später den Nobelpreis erhielt. Dennoch erreichte sie nicht die Höhe ausdrucksvoller perianaler und anderer Geschlechtswörter, wie es die Autorin der äußerst erfolgreich verkauften „Feuchtgebiete" aus dem Jahr 2008 vermochte.

Für mich als Arzt sind allerdings die Vergleiche zwischen den runzeligen Ausstülpungen von Hämorrhoiden und Schamlippen, die in diesem Buch zelebriert werden, nicht so aufregend. Übertroffen wurden all die skurril anmutenden Ausdrücke nur noch von den modernen Sex-Feministinnen wie Germaine Greer z. B., die neben zahlreichen und zotigen Unter-der-Gürtellinie-Bemerkungen behauptete, „die Frauen würden ja nicht einmal ahnen, wie sehr die Männer sie hassen", obwohl sie, die Greer, von Liebe und Sex in unschuldigster Heftigkeit redet und danach fragend moniert: „Lieben sie [die Männer] eigentlich uns oder diese fetischistischen Sachen"? wonach sie schließlich von einem Kommentator die beschwichtigende Antwort bekommt: „Aber wer wird denn so manichäisch sein, Germaine, beides natürlich, *dearie*, beides."[97]

Doch G. Greer hat noch andere Statements in ihrem Repertoire. So oder so, schreibt sie, sei „eine Vergewal-

---

[97] Winkler, W., Weil Männer immer nur das Eine wollen, SZ vom 20.5.00, S. 17

tigung eine Form von schlechtem Sex, wie er in der Psychopathologie unseres Lebens alltäglich sei."[98] Damit trifft sich G. Greer allerdings auch mit Lacan, der meint, die sexuelle Beziehung gäbe es gar nicht, weil sie nicht wirklich gesagt, definiert und klar symbolisiert werden könne. Sex sei eine Scheinbeziehung, strahlend hell, aber eine Beziehung nur dem Anschein nach. Was kein Symbol und keine Signifikanz hat, existiert auch nicht.[99] So sehr das Sexuelle bei der Fortpflanzung wirksam ist, versagt es völlig dort, wo es zum wahren Genießen kommen sollte. Daher entdeckte Freud diesen Quotienten Begehren / Genießen zuerst in seiner Angst-Form beim coitus interruptus, wo es nicht zum ‚großen Gefühl' kommt, auf jeden Fall nicht bei der Frau.[100] Die üblichen sexistischen Männer heutzutage leiden zudem am Kastrationskomplex. Sie halten ihre künstlich

---

[98] Kahlweit, C., SZ vom 22. 9. 2018, S. 15

[99] Der Schalk Mullah Nasrudin erzählte die Geschichte des Mannes, der den Mond immer nur als Spiegelbild im Wasser gesehen hatte. Als eines Tages kein Wasser mehr im Teich war, war auch der Mond verschwunden. Ohne die Sprache und das Wort, das Symbol, den Signifikanten ‚Mond' würden wir nur silberne Lichterscheinungen sehen, aber keinen Mond.

[100] „Die analytische Erfahrung zeigt uns das menschliche Begehren nicht in einem schlichten und einfachen Verhältnis zum Objekt, das es befriedigen würde, sondern in der Hingabe an eine fundamentale Perversität: Genießen des Begehrens als Begehren". Pontalis, J.B., Wiedergabe der Seminare IV-VI von J. Lacan, Riss Extra 3, Riss-Verlag (1999) S. 91

hochgeschraubte Power gar nicht durch. Spätestens in dem Moment nämlich, wo das Genießen eigentlich das wäre, Genießen als solches, geben sie auf! Gerade da, wo das Sexuelle erwartet wird, funktioniert es nicht, schlägt es um in die Angst.[101]

Der Mann ejakuliere – so Lacan weiter – immer am Höhepunkt seiner Angst, an dem Punkt, wo er eben nicht mehr weiter weiß. Es gibt „eine mit der Angst verknüpfte Gewissheit am Grunde des realisierten Orgasmus", die scheinbare Gewissheit einer Einheit mit dem Anderen.[102] Aber diese Gewissheit ist kein wirkliches Wissen. Diese Gewissheit ist oberflächlich und verbunden mit dem kurzen, isolierbaren (und dadurch der wissenschaftlichen Messbarkeit zwar zugänglichen, aber nicht wahren) Genießen. Über die wahre Metapher des Genießens als solchen, als autochthonen, als Genießen des Realen, das das Reale des Genießenss ist, verfügen die Menschen nicht. Der Sex ginge daher immer daneben, er ist ein Patzer, ja, eine Freud'sche Fehlleistung, so Lacans Fazit.

Es gibt keine Mathematik der sexuellen Beziehung, wohl aber des Eros, des ‚Sex' in Anführungszeichen. Mit dem Sex verhält es sich wie mit dem Mond der nicht vorhanden ist, wenn man ihn nicht symbolisch voll

[101] Lacan, J., L'angoisse, Seminaire Nr. X, Sitzung vom 5.6.63
[102] Lacan, J., L'angoisse, Seminaire Nr. X, Sitzung vom 15.5.63

erfasst hat und von ihm definitiv weiß. So würden auch die Leute nicht in die Kirche gehen, wenn sie ganz genau wüssten und intensiv erfasst hätten, dass es den Teufel nicht gibt. Sie würden auch nicht mehr eine Psychoanalyse aufsuchen, wenn sie Lacans Statement, dass der Sex gar nicht existiert, voll erfasst hätten. Vielleicht existiert er doch ein bisschen, aber dann ließe es sich auch ganz direkt mit den Worten des Schriftsteller-Philosophen G. Bataille sagen, der so viel über den Eros veröffentlicht hat und schreibt: „Niemand zweifelt an der Hässlichkeit des Sexualaktes. Wie der Tod bei der Opferung, so versetzt uns die Hässlichkeit bei der Paarung in Furcht."[103]

Eros-Mathematisch ist dies nicht bewiesen, aber Bataille hat es wohl so erlebt und der Romancier Houellebecq, der Schreckens-Sex-Autor par excellence, stellt analog in seinem neuesten Buch ‚Serotonin' fest, dass der Eros nur Perversion und Verbrechen ist. Freilich kann man zu solch wenig aussagekräftigen Feststellungen kommen, wenn man liest, wie Schriftsteller, den Sexualakt beschreiben. In der FAS vom 7. 10. 2018 waren unter dem Titel ‚Schlechter Sex' einige Beispiele veröffentlicht, so von F. Schätzings ‚Lautlos', B. Kirchhofs ‚Die Liebe in groben Zügen', P. Coelhos ‚Brida', T. Manns ‚Lotte in

---

[103] Bataille, G., Die Erotik, Matthes Seitz (1994) S. 140f

Weimar', J. Frank ‚Die Mittagsfrau' bis zu J. Franzens ‚Freiheit' sowie noch etlichen anderen Literaturgrößen.

In diesen Beispielen wurden kurze Auszüge der Aktszenen textgetreu dem Leser vorgelegt: alles grauenvoll, peinlichst in ihrer Albernheit, künstlich durchwirkte Lachnummern, voll von spürbarer Anstrengung, die die Autoren unternommen haben, um die Verwindungen und das Aneinanderklatschen der Körper völlig unauthentisch zu vermitteln. Alles Männer, die unbedingt glauben, sie müssten es tun. Na ja, Lacan meint, den Frauen fehle dazu etwas am „symbolischen Material", sie fänden die rechten Worte zum Eros gleich überhaupt nicht so literarisch zuverlässig. Aber vielleicht wollen sie auch vom Sex nicht alles wissen oder liegt es nur an der „Unbekümmertheit (impudence) ihres Sagens"? [104] Die Kommentare von beiden Geschlechtern also ein Desaster.

Andererseits habe ich jedoch bei einigen Männern, die bei mir in analytischer Psychotherapie waren, wiederum andere Einsichten sammeln können. Diese Männer waren vielleicht etwas geltungssüchtig, manche litten auch unter hohen Ansprüchen an sich selbst oder waren zwangsneurotisch, egal: Sie wollten den guten und idealen, möglichst den weiblichen Erwartungen

---

[104] Schindler, R., Ein Liebesbrief Lacans an die Frauen, in ‚Lacanentziffern.de' vom 11. 10. 2018

angepassten Sex und wären von den oben zitierten Kraftvokabeln der modernen Autorinnen recht überrascht gewesen. Sie wollten – wie das in jugendlichem Alter wohl ganz üblich ist – etwas für sich, aber zugleich eben auch das „Befriedigende", ja vielleicht sogar das besonders Eindrucksvolle, Innig-intime, Glücklich-Machende für die Frau. Es sollte etwas Gemeinsames und Besonderes sein, eine wunderbare Sprache, eine tiefe Kommunikation. Kurz: sie wollten selbst im heftigsten Sex Romantiker und Idealisten bleiben.

Selbstverständlich blieben die meisten von ihnen anfänglich weit hinter ihren eigenen „edlen" Ansprüchen zurück. Sie verfingen sich oft grenzenlos in männlichen Phantasien, von denen sie tatsächlich überzeugt waren, dass sie auch den Frauen gefallen würden, wenn nicht sogar versteckt in ihnen vorhanden wären. Es war bei diesen Männern aber nicht so, dass nicht auch Liebe mit im Spiel gewesen wäre. Diese ehrgeizigen, sich selbst so fordernden Männer, liebten ja ihre Partnerinnen. In all diesen Büchern des so gängigen Genres „wenn Frauen zu viel lieben" wird vergessen, dass es auch solche Männer gibt, die zu viel des Guten versuchen.

Sicher, die Betonung liegt auf der Erotik. Zweifellos waren diese Männer, die ja vor allem durch die neuzeitlichen Ideale vom glücklichen Sex, vom befriedigendem Liebesleben, vom Sex als „dem Schönsten, das es auf der

Welt gibt", inspiriert waren, ständig bestrebt, in Form berauschender Erfahrungen, psycho-physische Höhepunkte nicht mehr so sehr als Streiter auf dem „Feld der Ehre" – wie das früher hieß - sondern als Könner auf dem Feld des Eros zu reüssieren. Sie wollten geradezu ein Werk vollbringen, von dem auch die Frauen sagen würden, dass es gut ist, genussvoll und richtig. Dennoch sind sie gescheitert. Woran eigentlich?

Sie haben wohl nicht genug mit ihren Frauen gesprochen, sondern nur über eine bestimmte, schon vorgegebene Form mit ihnen geredet. Freie Assoziation und Deutung wie in der Psychoanalyse üblich, hat ihnen gefehlt und das mussten sie in der Therapie nachholen. Denn von solch einem Punkt des Sprechens auszugehen heißt, es an seinen Wurzeln zu fassen. Nicht nur der Patient ist dabei hysterisch, auch der Therapeut muss sich in der Behandlung „hysterisieren," wie Lacan sagt, indem er behauptete, ein Hysteriker zu sein, aber einer ohne Symptome. Vergleichbar den Mathematikern, die aus der Null, d. h. kontrapunktisch zur Null, die Reihe der Zahlen ziehen, muss der Analytiker dann exakt aus dem Null- und Nonsenspunkt dieser freien Einfälle des Patienten seine Deutung ziehen.

Doch mit einigen meiner Patienten bin ich nicht ganz klar gekommen. Die Ernsthaftigkeit des Zuhörens auf Seiten des Analytikers und des Angenommen-Seins auf

Seiten des Patienten allein suggeriert zwar bereits diesen Gedanken: nämlich, dass es ein der besonderen Zuwendung, ja ein der Liebe unterstelltes Verfahren sein muss, um das es hier ausdrücklich geht. Denn nur wer liebt, mutet sich einen derartigen Dialog zu. Doch der tiefere Einstieg in die stark verdrängten oder gar abgespaltenen Seelenstücke im Unbewussten gelingt nicht immer so perfekt. Dies war der Grund, warum ich anfing, das Verfahren der *Analytischen Psychokatharsis* zu entwickeln, das jeder zu Hause – eventuell auch mit dem Partner zusammen – üben kann. Denn in der freien Wildbahn können Mann und Frau nicht so analytisch miteinander kommunizieren, wie es gut wäre. Sie brauchen ein Übungsverfahren, um eine Methode für den Alltagsgebrauch zu erlernen.

Und damit komme ich erneut zur Mathematik des Eros zurück. Lacan versuchte es anfänglich nur mit der Linguistik und wiederholte so oft seinen zentralen Satz, dass „ein Signifikant ein Subjekt für einen anderen Signifikanten repräsentiere." Wie erwähnt meinte er, dass eben auch eine Eins eine Null für eine andere Eins repräsentiert. Dies erinnert wieder an Scholze, bei dem der ‚Bezeichner', das Bezeichnungskonvolut Arithmetik, ein Gleichheitszeichen anbietet für einen anderen Bezeichner, ein anderes Bedeutungskonvolut, nämlich das der Geometrie. Das Subjekt Mensch befindet sich ständig im Wesenskreis des Gleichheitszeichens, das der Mathematiker genauso wie der Psychoanalytiker für seine Arbeit nutzt.

Doch bevor ich eine Lösung dafür in der von mir inaugurierten Methode anbiete, kann ich noch Folgendes sagen: man muss also von so etwas wie einer Null, einer scheinbaren Ausweglosigkeit ausgehen, das hat auch Dürrenmatt für das Drama gefordert (und um ein Drama handelt es sich bei der Beziehung zwischen Mann und Frau ja immer). Dürrenmatt betont im Anhang an sein Stück ‚Die Physiker‘, dass es im Drama nach kurzer Schilderung normaler Vorgänge zur „katastrophischst möglichen Wendung" kommen muss, mehr oder weniger also das Chaos und der Tod im Hintergrund eine wichtige Rolle spielt. Nur so wird Positives und Negatives, Gutes und Schlechtes, Schönes und Hässliches berücksichtigt.

Im Drama ‚Der Besuch der alten Dame‘ fordert diese von der anfangs harmonisch geschilderten Dorfgemeinschaft, dass man ihren Exgeliebten umbringen müsse, wenn sie eine Milliarde für den Ort spenden würde. Erst lehnen alle entrüstet ab, doch dann bröckelt die moralische Haltung, und man trickst die Sache irgendwie so hin, dass der Exgeliebte – selbstverursacht oder nachgeholfen – letztendlich stirbt und die alte Dame den Scheck zücken muss. Der Null-Eins-Abstand, der am Anfang in der Dorfgemeinschaft ungeklärt war, wird tödlich durchgerüttelt, und so wird deutlich, dass er auch vorher schon stark negativ besetzt war. Nun ist er am Schluss zwar sichtbarer, aber nicht besser, denn ein Mord um viel Geld belastet jetzt den Ort.

Eine positive Lösung gelingt in einer guten Psychoanalyse eher, wenn dort Analytiker und Patient genauso die Einsen sind, die sich gegenseitig als fast so etwas wie eine Ausweglosigkeit repräsentieren, da es nichts gibt, auf das sie sich beziehen könnten, wie ich bereits schilderte. Schließlich kennen sie sich ja anfänglich überhaupt nicht. Denn wenn sie beide, Analytiker und Patient genauso wie Mann und Frau – und dieses Verhältnis wird ja in gewisser Weise in der Psychoanalyse immer irgendwie reproduziert – miteinander in besonderer Weise reden, sich konstruktiv verständigen, mit gemeinsamen Interessen interagieren etc., werden sie diese mathematische Aufgabe lösen.

Und so kann ich jetzt auch nochmals dazu Stellung nehmen, warum die Jungfrauen nicht abzählbar sind. Sie sind genau in diesem Maß nicht abzählbar. In der Lacanschen Mathematik stellt das Vatersymbol, den Vaternamen, d. h. die Frage, was es wirklich heißt ein Vater zu sein, ganz generell also, großer *Anderer*, Vater per se, Ur-Metapher, in der das Wort des Vaters auch der Vater des Wortes ist, die Eins dieses kuriosen, erotisierten, Maßes dar. Die Jungfrauen halten sich – sozusagen unter diese Mathematik gestellt –zwischen der Null und der Eins auf und werden erst ganzzahlig, wenn sie Frauen sind.

„Die Frau ist ein Symptom des Mannes,"[105] und deswegen lassen Männer, wenn sie über die Liebe reden, meist eine Frau für sich sprechen, wie es beispielsweise Sokrates mit Diotima getan hat. Aber was Diotima dann sagte, klang ganz nach männlicher Domäne, die dem Diskurs um eine Nuance näher steht. Aus diesem Grund zählen die Frauen erst, wenn sie sich dem Diskurs unterworfen haben, meint Lacan, dem man manchmal eine leichte Misogynie angelastet hat. Doch er behauptet eigentlich nur, dass die Frauen sich unter der väterlichen Eins-Metapher versammeln, sich dem Vater sozusagen ei bisschen anpassen, aber im Wissen vom Genießen, das etwas außerhalb des Diskurses liegt, mehr Erfahrung haben, damit aber nicht heraus rücken. Sie behalten das für sich.

Und so muss man aufs Reale warten, als es eine Ordnung impliziert, in der die Frauen ihren Platz haben. Man glaubt ihnen, auch wenn man nicht an s i e glaubt in dem Sinne, dass es die Eine gibt, die Bestimmte, also d i e als solche, die es nicht gibt.[105] Es verhält sich ähnlich wie bei der Unterscheidung Neurose/Psychose. Der

---

[105] Lacan, J., Seminar XXII, Staferla, S. 30

Neurotiker glaubt an die Stimmen, er glaubt, dass es sie gibt, aber der Psychotiker glaubt ihnen, er glaubt definitiv den Stimmen selbst. Und mit dem Eros ist es nicht anders. „Wirkliche Liebe gibt es nur zu einem Namen", insinuiert Lacan, allgemeine Worte gelten nicht. Doch wo kommt der Name her?

Alle glauben an die Liebe, aber wird der Liebe auch geglaubt? Es gibt Leidenschaftsliebe, Wertschätzungsliebe, Geschmacksliebe usw., aber die Liebe zwischen Mann und Frau hat keinen so definitiven Namen.[106] Wie ich schon weiter oben zitiert habe, sagt Lacan an anderer Stelle, dass „der Signifikant eine verwischte Spur ist."[107] Darin sind auch Liebe, Eros und Sexualität mit einbezogen. Der Mensch bringt sich fast mit jedem Wort um

---

[106] Es genügt auf keinen Fall, diese Liebe als heterosexuell zu bezeichnen. Aber sie als ehelich zu benennen, erfüllt auch nicht den Anspruch an Liebe und Eros. Früher hat man sie unter einen Clannamen gestellt, so etwas wie die ‚Habsburger'. Aber auch da ist Sissi ja gescheitert, wie wir dank unserer wunderbaren Filmproduzenten wissen. Also braucht man einen Namen, der keiner in solch vorgefasster Manier ist, sondern den man meditieren und damit ergründen und lieben kann.

[107] Lacan, J., L´angoisse, Seminaire Nr. X, Sitzung vom 12.12.63, Übersetzung G. Schmitz, S. 70-71 Man kann den *Signifikanten* auch einen unscharfen Begriff nennen, so dass ein einzelner *Signifikant* nicht einmal einer Bedeutung fähig ist und man so die Differenz zu anderen *Signifikanten* benötigt, um Sinn zu erzeugen.

seine authentische Spur, denn indem er redet, verliert er den Faden seines originären Seins. Er steht fast mit jedem Wort an der Schwelle zur Lüge, aber er lügt notgedrungener maßen. Indem er sich auf die Spur der Sprache einlässt, gibt er Zeichen von sich als einem Unbestimmten, Verdrängenden, Verwischenden, von sich als Subjekt.

Diese Zeichen v o n jemand, diese Subjekt-Zeichen, diese *Signifikanten* „enthüllen das Subjekt, das zweifellos - aber indem sie dessen Spur verwischen." Es ist wie bei dem alten jüdischen Witz: „Warum sagst du, du fährst nach Krakau, indem du doch nur willst, dass ich glauben soll du fährst nach Lemberg, wo du doch in Wirklichkeit fährst nach Krakau! Also sag, warum lügst du"?! Die Spur des Menschen ist nicht lieb, zumindest nicht von vornherein, und so sind wir wieder an dem Punkt angelangt, diesem Null - und Todespunkt, durch den das Sprechen von Liebe und Eros erst hindurchgehen muss, um überhaupt einen Funken davon zu verraten.

9. Liebe und Transerotik

Ich greife diese Thematik nochmals auf: Gerade der Signifikant Liebe, aber auch der von Sex oder Eros, verwischt wie erwähnt in den meisten Fällen genau das, was er zu bedeuten vorgibt: einen wirklich Liebenden. Er verwischt das ‚Ding‘. Deswegen spricht T. Mann ja vom Labbrigen, Verwässerten dieses Wortes. Andererseits jedoch der wirklich Liebende: Er legt gar keine Spur und löscht auch keine, sondern er kommt eben einfach vorbei. Die meisten bemerken dieses Vorbeikommen aber nicht. Der wirklich Liebende lässt uns in dem Glauben, dass Täuschung, Verrat, ja der Tod im Spiel ist, während er dies doch nur tut, um uns letztlich wirklich zu lieben. Er muss seine Liebe hinter der Fassade des Todes verstecken, gerade um zu verwirklichen, dass sein Vorbeikommen authentisch war. Er ist selbst die Liebesspur seiner Löschung, seine Spurenliebe-Löschung, seine Lösch-Liebes-Spur . . .

Das ist nur eine sehr vorläufige erotologische Definition, die eben ein bisschen poetisch an das ‚Ding‘ erinnern soll, das ja sonst nicht zu fassen ist. Und genauso ergeht es einem mit den zwei Müttern, die wir alle haben, wie mir ein anderer Patient einmal sagte, nämlich die uns mehr bewusste, vertraute, „gute“, und die mehr unbewusste, fremde, „interessante“ Mutter. Die Spur dieser „interessanten“ Mutter, dieser geheimnisvollen Hexen-

Mutter wird aber gelöscht, denn die Liebe von und zu ihr passt nicht zum Glanz der „guten" Feen-Mutter, sie enthält Pikanterien, sie besteht aus einer Brisanz, die Kind und Mutter unbewusst bleibt. Die Spur ist zwar gelöscht, aber sie spricht gerade dadurch ihr Rätsel dauernd und lauthals vor sich hin. Und vor allem: verführerisch, was die Liebe und den Eros angeht!

So wird die liebe, die zärtlich liebende Mutter auch die interessante, was an die Ödipus- und die Inzestproblematik erinnert. Der Anthropologe Levi-Strauss hat sich dem Problem des Inzestverbots (er wählt diesen mehr soziologischen Ausdruck, obwohl er sich ganz gegen das Soziologische ausspricht) gezielt angenähert. In seinem Werk, „Die elementaren Strukturen der Verwandtschaft" betrachtet er Inzestverbot und Tausch (insbesondere Frauentausch) als das universelle Paar, das den Übergang von der Natur („biologische Familie") zur Kultur („gesellschaftliche Gruppe") darstellt.[108]

Er zeigt, wie das Gesetz der Liebe in die Welt gekommen ist, als die Früh-Menschen anfingen, schon ganz Menschen zu sein, indem für die Ehegattenwahl Bevorzugungen eingeführt wurden, die neben der reinen biologischen Abstammung von der Mutter eine zweite Dimension haben: Tauschregeln, Heiratsregeln. In diesen

---

[108] Levi-Strauss, C., Die elementaren Strukturen der Verwandtschaft, Suhrkamp, stw (1993)

Tauschregeln wird hauptsächlich ein „weibliches Element" getauscht, Töchter, Schwestern. Levi-Strauss definiert den Begriff Tausch eigentlich nicht, aber am Ende geht klar hervor, dass Tausch „Genießen durch Teilen" ist, was die Inzestproblematik letztlich nicht klärt, ihr aber einen vorläufigen Rahmen gibt, indem neben der Natur eben auch eine Kultur existiert.

„Doch selbst indem er [Levi-Strauss] so verfährt und des längerem die Frage des Inzestes umkreist, um zu erklären, was ein Verbot desselben erfordert, geht er nicht weiter, als uns zu zeigen, warum der Vater nicht seine Tochter heiratet, es muss einen Töchtertausch geben. Aber warum schläft der Sohn nicht mit seiner Mutter? Da bleibt etwas im Verborgenen."[109] Da bleibt eine gravierende Nuance ungesagt. Da wird von einem Inzestverbot gesprochen, das bei der Vater-Tochter-Beziehung mit den Tauschregeln gekoppelt und so entschärft ist, aber der Mutter-Sohn-Inzest kann durch keine Tauschregeln behoben werden. Freud wählt nicht umsonst gerade dieses Beispiel, „denn das Begehren nach der Mutter ist nicht zu befriedigen", betont Lacan, „weil es das Ende, den Endpunkt, das Auslöschen einer ganzen Welt des Anspruchs bedeutet, der Welt, die das Unbewusste des Menschen zutiefst strukturiert."

---

[109] Lacan,J., Die Ethik der Psychoanalyse, Quadriga (1995) S. 85

Würden die Söhne mit ihren Müttern schlafen, hätten die Menschen nie zu sprechen begonnen und sich auch nicht mehr effektvoll fortgepflanzt. Sie wären immer – in oraler und genitaler Hinsicht – gesättigt gewesen. Freud hatte Recht, den seelischen Grundkomplex am Ödipusmythos festzumachen, wo es um den Mutter-Sohn-Inzest geht, denn dort spielt sich das entscheidendere Drama ab, das damit endet, dass es d i e Frau, die absolute, die als universalierend zu denkende Frau, die ‚alle ist‘, nicht gibt. Das zeigt sich auch an den monotheistischen Religionen, bei denen eine Frau Gottes nicht existiert, denn sie wäre die eine, die alle repräsentiert, Frau-Mutter-Göttin. Ich habe schon Iokaste erwähnt, die Ödipus‘ Mutter war, aber auch Geliebte, attraktive Frau, tatsächliche Königin, reiche Gattin, scheinbar alles, worauf Ödipus hereingefallen ist.

Denn „die Frau ist nicht alle“, sagt Lacan, das heißt in der Währung der Universalität, des göttlichen und sinnlichen Eros, in der in Φ bezahlt wird, beherrscht sie nicht alles, wirkt aber so. Nun habe ich schon Lacan zitiert, der sagte – anderes Beispiel – , dass in der männlichen Homosexualität auch speziell die Mutter als die eine existiert, die für alle und alles herhalten muss. Während in meiner Jugendzeit Homosexualität als Perversion noch strafbar war (wie in vielen Ländern auch heute noch), hat sich das Problem heute entspannt und werden nicht nur Homosexualität, sondern auch andere psycho-sexuelle Identitäten wie etwa die Transsexualität in jeder Hinsicht toleriert sowie sozial und rechtlich anerkannt. In der Süddeutschen Zeitung vom 10. 11.2018 und erneut vom 5./6. 1. 2019 findet sich ein Bericht über einen Abgeordneten der Grünen im bayerischen Landtag, der sich offen und positiv über seine psycho-(sexuelle) Identität äußert. Er bezeichnet sich als Tans-Gender. Er fühlt sich nämlich nicht nur als Mann, sondern auch als Frau und trägt somit auch des Öfteren Perücke und Frauenkleidung. Lange hielt er diese seine Neigung geheim, aber schließlich offenbarte er sich seiner Ehefrau, die über seine Doppelidentität zuerst verstört war, es im Laufe der Zeit jedoch akzeptierte.

„Eine Transfrau im Landtag, das ist einmalig in Bayern, ja sogar in Deutschland. . . Ihre Söhne haben jetzt keinen Vater mehr, dafür zwei Mütter . . über die Ehe nur so viel: Ihre Frau habe sich in den Menschen verliebt, nicht in das Geschlecht. Wenn alles gleich geblieben ist, was ist dann anders?"[110] Vorerst besteht die Verwandlung nur aus Perücke und Lippenstift, aber es soll anders werden, nämlich „von außen wie von innen: eine Frau." Doch was ist nun ein Transgender? Meistens wird biologisches und soziales Geschlecht unterschieden, das die verschiedensten Formen von Zwei- oder Transgeschlechtlichkeit beschreiben soll. Vielleicht könnte man

---

[110] SZ vom 5./6. 1. 2018, S. R15, Titel: 110 Prozent Frau.

bei der geschilderten Person vorerst noch von Cross-Dressing sprechen, eine Transgenderform, sie sich vorwiegend im Sozial-Psychologischen abspielt. Insofern ist es wohl wirklich falsch, den Abgeordneten als transsexuell zu bezeichnen, Transgender ist wirklich eine faire Lösung. Doch wie kommt man dazu?

Von psychoanalytischer Seite her wird man auf eine Entstehung dieser Orientierung aus dem frühkindlichen Bereich her verweisen, wo die sogenannte ‚phallische Mutter‘ eine große Rolle spielt, was die doppelte Mutter wiederspiegelt, von der ich gerade geschrieben habe. Für wohl jedes Kind war die Mutter zuerst einmal ein mächtiges, potentes, powervolles Wesen, um das herum sich geschlechtliche Identitäten entwickeln, die zu Teilen auch noch lebenslang im Unbewussten verborgen bleiben können. Die Rolle des Vaters kann sich anfänglich völlig in dem ausdrücken, wie die Mutter und andere von ihm, als dem, der Φ signifiziert, reden. Die Problematik zeigt anschaulich ein anderes Beispiel, das die ungarische Autorin Susan Faludi in einem Buch beschreibt.[111] In der SZ vom 4. 11. 18 ebenfalls ein Kommentar dazu:

„Die Autorin bekommt eine E-Mail von ihrem Vater.

---

[111] Faludi, S., Die Perlenohrringe meines Vaters dtv (2018)

Die beiden hatten seit 25 Jahren wenig Kontakt, während der Scheidung der Eltern in den Siebzigerjahren war es zu gewalttätigen Szenen gekommen. "Liebe Susan", schreibt der Vater, "ich habe interessante Neuigkeiten für dich. Ich bin zu dem Schluss gelangt, dass ich lange genug den aggressiven Macho gespielt habe, der ich innerlich nie war." Anbei Fotos des Vaters in Rock und Rüschenbluse. Sie zeigen ihn, nein: sie nach einer geschlechtsangleichenden Operation in Thailand. Die Unterschrift lautet: ‚Love, your parent Stefánie‘."

Kurze Zeit später reist Faludi nach Budapest. Ihr Vater stammt von dort und lebt wieder da, seit die Familie in den USA auseinandergebrochen ist. "Konnte eine neue Identität die vorangegangene nicht nur ablösen, sondern gleich vollständig auslöschen?", fragt sich Susan Faludi. Sie findet eine alte Dame vor, an der ihr zumindest eine entnervende Angewohnheit vertraut ist: Sie redet ohne Unterlass und wischt unerwünschte Einwände lapidar beiseite." Die Autorin stellt wohl zurecht fest, dass der Wechsel des Geschlechts nichts an der eigentlichen Identität ihres Vaters geändert hat, der nun was ist, Mutter, Frau, ältere Tante?

Der Vater Faludis war immer noch zumindest ein wenig der alte Macho geblieben, und so fragt sich natürlich, was Identität eigentlich ist. Faludi „bezieht sich auf den Psychoanalytiker Erik H. Erikson, der in den

Sechzigerjahren über das ‚subjektive Gefühl einer bekräftigenden Gleichheit und Kontinuität' schrieb" (Zitat weiterhin aus der SZ). Ich glaube jedoch, dass die Ableitung der Identität allein von der kausalen Richtung her, also von den Genen oder den psychologischen, sozialen etc. Gründen nicht genügt. Bei ihrem Vater war sich die Autorin ziemlich sicher, dass sein Leben vorher auch schon immer aus verdeckten Wechselspielen bestanden hat. So weist sie auf die vielen Verkörperungen ihres Vaters hin: Jude im Budapest des Zweiten Weltkriegs, dann Abenteurer im Amazonasgebiet und All-American Dad und heute eben eine Frau, die ihr Judentum wiederentdeckt hat.

Geht es bei diesen Transgenderphänomenen nicht eher um eine psychische Problematik und tatsächlich nicht um eine Perversion? Das Wort Perversion wird heute als störend empfunden, Lacan sprach von der „pére-version", der ‚Vater-Verdrehung', denn wenn die Mutter durch ihre körperliche Nähe und die in ihr verborgene Weiblichkeit so vehement nicht bestimmend ist für die – ich sage einmal – noch körperlich nahen sexuellen Identitäten (Imaginär-Reales) der Kindheit ist, wer dann? Wenn es ihr und ihrer Umgebung – und dazu gehört evtl. auch der leiblich-soziale Vater – nicht gelingt, den ‚Vaternamen', hier auch als Signifikant Φ, als Verwalter, als Bevollmächtigter des Symbolischen, als des Wortes ‚Sex', aufzubauen, kann die eigentliche Identität ins

Unbewusste verschoben (Perversion) oder ganz verworfen (Psychose) sein.

So sprach Lacan auch vom „transsexuellen Delir", also von einer wahnhaften Identität, von der vielleicht kein Mensch ganz frei ist, die aber den Namen verdient, wenn sie zu ausgeprägt, zu gefestigt und fixiert ist. Die Sache ist freilich komplizierter. Im SZ-Magazin vom 7. 12. 18 wurde über zwei Transmenschen, einem Mann und einer Frau, berichtet, die beide zumindest äußerlich perfekt dem neu gewählten Geschlecht entsprachen. Beide hatten sich schon früh dem anderen Geschlecht ähnlich gefühlt. Bei beiden war wohl die Angleichung der Genitalien nach hormoneller und kosmetischer Vorbereitung nicht so perfekt, sie betonten jedoch sehr explizit, dass es ihnen hauptsächlich um die psycho-soziale Veränderung gegangen sei, um ihre völlige ‚Transition' wie sie sagen, nicht um die Sexualität. Und selbst wenn die Sexualität miteingeschlossen ist, finden sich beide jetzt großartiger, interessanter, wichtiger, besser. Ist das ein Delir?

Sie haben große Mühen und Leiden auf sich genommen, keine Frage. Sie sind vielschichtiger geworden, differenzierter. Aber haben sie sich wirklich – wie es S. Faludi bei ihrem Vater auch gefragt hat – so weitgehend verändert, dass der frühere Junge (in dem gerade geschilderten Fall bis zum 20. Lebensjahr) oder die junge Frau (bis zum 37. Lebensjahr) kaum noch eine Rolle spielen? Kann man – erneut gefragt – den psychisch-biologischen Mix wirklich so trennen, wirklich so transitieren, ja transsubstantiieren, wie ich es genannt habe? Hat vielleicht der Spiegeldiskurs über den Echodiskurs zu stark dominiert. Denn man hat das Gefühl, dass sich die Menschen in all diesen Identitären vorwiegend spiegeln und diesen Spiegel nicht durchbrechen. Sie beharren unwahrscheinlich stark darauf, dass es nicht ums Sexuelle geht, so als müssten sie der oben genannten paternalen Metapher, dem ‚Vaternamen‘, diesem Überwort,[112] moralisch ganz besonders gerecht werden.

Die Transmenschen betonen auch gerne, dass die Ursache für ihr Leiden, für ihre andere psycho-sexuelle Identität, angeboren ist und durch das eben anders gepolte Gehirn bewirkt wird. Aber wie können die Gene zu einem männlichen Körper ein völlig weibliches Gehirn schaffen? „Der Transsexuelle will Φ nicht mehr als Signifikant und nicht deshalb nicht, weil es ein Organ ist. Er erliegt dabei einem ganz gewöhnlichen Irrtum . . indem er nicht sieht, dass der Signifikant [Bedeutungsträger] das Genießen, die Lust, ist und dass der Phallus (Φ) hier nur Signifikat [Bezeichnung] ist. Der Transsexuelle will durch den sexuellen Diskurs, der – wie ich behaupte –

---

[112] Im Seminar XXII, Staferla, S. 52 setzt Lacan dies auch dem Borromäischen Knoten gleich, der das Unbewusste bestimmt.

unmöglich ist, nicht mehr als Phallus bezeichnet werden."[113] Deswegen versucht er den Diskurs durch eine Verwandlung zu erzwingen, so Lacan. Und deswegen sagt er auch, dass es ihm nicht ums Sexuelle geht, sondern um generell um Identität und behauptet, dass Gene, Gehirn oder sonst etwas ihn dazu gezwungen haben.

So schließt sich der Kreis, der für den Transmenschen trotz seiner sozialen und rechtlichen Anerkennung leichter zu ertragen wäre, könnte er die allen Menschen zugehörende Spaltung im Unbewussten sehen, die man sich bewusster machen könnte, würde man sie nicht nur verstehen, sondern auch in ihrer Fülle und Problematik begreifen. Auch der Stinknormale ist ja nicht frei von dieser Kluft, dieser Ur-Verdrängung, die damit zu tun hat, dass der Mensch aus der Instinktorientierung in die Uferlosigkeit von Identitäten geworfen worden ist, als es anfing, sich der symbolisch-imaginär-realen Ordnung des Eros zu unterwerfen. Ob er als sublim hysterischer Philosoph, als narzisstischer Politiker, als zwangsneurotischer Gottgläubiger, als depressiver Alltagsmensch, kurz und wie der Philosoph S. Kierkegard sagte: als Kranker-zum-Tode oder als sonst jemand Halbfertiger herumläuft, ist doch egal.

Am besten von allen hat meiner Ansicht nach die Sozio-

---

[113] Lacan, J., Seminar XIX vom 8. 12. 71

login T. Schachl die Transgenderproblematik formuliert, wenn sie die Bewegung beschreibt, die „in verschiedenen Stadien der Sichtbarkeit: von der Diagnose Transgender über die präoperative transsoziale Phase des Outings und des Ankommens im gewissermaßen unsichtbaren Ganz Normalen" verläuft. [114] Obwohl Schachl „Metapher Forscherin" ist, Fachfrau für die Phoneme, erkennt sie, dass die Transgender-problematik in „der Betonung des ‚Visualisierens', der ‚Sichtbarkeit' und den ‚Bildern' liegt, also am ‚unbewussten Sehen', wie es der Psychoanalytiker A, Ruhs ausgedrückt hat.[115]

Schachl spricht vom ‚Banner der Sichtbarkeit', für das ein ungeheuer hoher Preis gezahlt wird", um dieses perfekte Bild des um die zwei Ecken des Geschlechtlichen und des möglichst Normalen sich Drehenden darstellen zu können. Nichts freut die traditionelle Allgemeinheit mehr, als dass dadurch Grenzziehungen geboten werden, mit der man sich vor sich selbst als eben traditioneller Allgemeinmensch schützen kann, und der ebenso edin Sichtbarkeitsproblem hat, weil er nicht sieht, welche Art von Gender-Problematik er selbst hat.

Denn in Wirklichkeit enden Transgender wie alle anderen auch in einer um die zwei Ecken herum stumm

---

[114] Schachl, T., Transsexuell, eine sichtbare Bewegung ins Unsichtbare, Profil (1997)
[115] Ruhs, A., Das unbewusste Sehen,

bleibenden generellen ‚Unsichtbarkeit‘, schreibt Schachl. Der Transgender fühlt sich in seinem Erstgeschlecht nicht wahrgenommen, nicht bestätigt, und so versucht er nun um dieser Bestätigung und des Wahrgenommen-Seins willen, das Geschlecht zu wechseln, weil er gesehen hat und glaubt, dass es in dieser Form funktionieren wird, normal funktionieren wird. Die Betonung liegt auf der Vorstellung der Eingepasstheit, der Zuständigkeit, der Normierung. Man will Transgender sein, aber normaler Transgender, wobei man immer halbfertig bleibt.

Die Halbfertigkeit ist doch die Regel, auch meine Methode wird erst fertig, wenn – wiederholt gesagt – jemand sie anwendet. Auch in all den Lacanschen Aussagen zum Eros liegt eine Halbfertigkeit, die er in ihrer typischen Form als Mehrschichtigkeit und Mehrklangformel sogar besonders herausstellte, weil nur so sich die Wahrheit finden lässt. Diese Mehrfach-Formulierung, die die gleiche wie bei den *Formel-Worten* und der Mehrfachlehre (Mengenlehre) ist, kann man auch so schreiben: „Les noms du père (die Namen des Vaters), Les non dupes errent (Die Nicht-Blöden irren) und Les non du père (die Nein des Vaters)“, was auf Grund einer im Französischen häufig anzutreffenden Homophonie (Gleichklang) nach linguistischer Mehrfach-Überlappung des Unbewussten klingt. Lacan wollte mit dieser Dreiklang-Metapher erneut das Wesen des über Φ

hinausgehenden Symbols des unbewussten Vaterna-
mens erläutern, das durch die Homophonie unbestimmt
und gerade dadurch kennzeichnend ist. Haben die Transmenschen genau diesem Mehrschichtigkeits-Symbol
entsprechen wollen? Doch eher nicht.

Denn was heißt es – nochmals gefragt - wirklich, ein Vater, ein ‚ganzfertiger‘ Vater zu sein? Man kann die Frage
wieder gut an der Geschichte des schon genannten Senatspräsidenten D. P. Schreber eruieren, der in der psychoanalytischen Literatur eine große Rolle spielt.
Schreber, der sich nämlich für das Weib Gottes hielt und
auch entsprechende transerotische Merkmale an seinem
Körper wahrzunehmen glaubte, hatte wohl dieses Trans-
gender-Begehren total ins Unbewusste verschoben und
nicht die Gelegenheit gehabt, eine ‚male to female‘
Transition zu vollziehen. Die Vaterproblematik war
nämlich in seinem Leben insofern bedeutsam, weil sein
orthopädischer Vater äußerst rigide war. Er gilt als Ur-
heber der ‚schwarzen Pädagogik‘ und erzog seine Kinder mit Hilfe von physiotherapeutischen Geräten zu ‚ge-
sunder Haltung‘. Strammstehen, Leistungszwang, abso-
luter Gehorsam stand an oberster Stelle.

Diesem konnte D. P. Schreber nicht standhalten, und als
er zum Senatspräsidenten berufen wurde, war sein Leis-
tungsideal zu hoch und erschien ihm diese Aufgabe zu
erdrückend. Nun kann wohl kein Vater das bewirken,

was alle diese Personen, die in die geschlechtliche Identität verwickelt sind, vielleicht nötig hätten. Auch mein Verfahren wird hier nicht jedem helfen, aber in umfassender Form hinsichtlich der vielen Facetten des Eros etwas zu schreiben, seine Entstehungsgeschichten, seine angeblich normalen und unnormalen Aspekte zu schildern – daran kann ich mitwirken, denn es ist nicht nur wichtig, woher, also von welchem Kausalen her die Probleme kommen, sondern wie man sie auch final sehen kann.

Damit will ich sagen, egal wie jemand sein Transgenderdasein lebt, er sollte vielleicht wissen, dass mit der Umwandlung noch lange nicht alles im wahren Leben gelöst ist. Im Unbewussten wirkt der Mehrschichtigkeits-Name, den man freilich verwerfen kann, fragt sich nur um welchen Preis. Mit dem Psychoanalytiker J. Lacan bin ich der Auffassung, dass – wie schon erwähnt – auch die finale Richtung in der Psychoanalyse wesentlich ist, also ein Moment frühester Sublimierung, die als solche ein Ziel, eine Zukunft, eine Geltung, Orientierung, Bestimmung im Auge hat, womit nicht das physiologische Auge gemeint ist, sondern ein Imaginär-Reales, eine generelle Klar-Sichtigkeit.

Eine solche würde helfen, das entsprechend Symbolisch-Reale zu entwickeln, das aber dem Kausalen gegenüber auch das Finale gleichberechtigt betont. So gesehen gibt es für jeden Trans- aber auch jeden Cis-Gendermenschen noch ein Weiterentwicklung, die Lacan mit seiner Lehre zu erfassen begonnen hat und die ich eben in der *Analytischen Psychokatharsis* weiterführen möchte, ohne dabei so etwas wie ein Familien-Geheimnis unerwähnt zu lassen. Bei Lohengrin zum Beispiel ist es nicht so schwierig, sein Familien-Geheimnis zu lüften, das Problem heute liegt aber mehr in der heterologen künstlichen Befruchtung.

Bekanntlich verbietet Lohengrin zu fragen, wer er ist, Typischerweise in der Hochzeitsnacht kommt er um die Antwort nicht mehr herum, dass es mit ihm nicht so funktioniert, wie man denken könnte. Denn da, in dieser Nacht, versagt er, er ist impotent. Das Ganze geht schon damit los, dass Elsa von Brabant sich nur einen Mann wünscht, den Gott ausgesucht hat! Das ist doch schizophren! Solch ein Mann kann nicht normal funktionieren. Zudem: was sollte das sein, der Gral, wenn nicht das weibliche Gefäß, in das er hätte eindringen sollen! Natürlich hat sie ihn in der Hochzeitsnacht fragen müssen, was ist mit dir los?' Da ist er zusammengebrochen und hat sein Versagen der Frau in die Schuhe geschoben: Sie sei schuld, dass er sie jetzt verlassen müsste

Ein Familiengeheimnis anderer Art liegt in der ehelichen Unfruchtbarkeit, der zufolge man oft durch eine heterologe Insemination Abhilfe schaffen will. Das Wort

Familiengeheimnis wird ausdrücklich verwendet, wie ausgedehnte Untersuchungen bei künstlicher Befruchtung gezeigt haben.[116] Die in der Fußnote genannte Ärztin und Psychoanalytikerin stellt der symbolischen Drei-Einheit von realem Vater, Mutter und Kind, die einer Zwei-Einheit von realer Mutter und imaginärem Vater und Kind gegenüber, was bei jeder heterologer Insemination diskutiert werden muss. Was es mit dem imaginären Vater auf sich hat, ist leicht zu verstehen. ‚Pater semper incertus est' (wer der biologische Vater ist, weiß man nie genau), hat man immer schon gesagt. Vaterschaftsteste sind heute daher en vogue. Doch auch die künstliche Fremdbefruchtung wirft das gleiche Problem auf. Wer ist eigentlich der Samenspender? Wer ist – fragen sich heute viele Jugendliche – mein Vater? Inzwischen ist die Anonymität weitgehend abgeschafft, was das eigentliche Problem der heterologen Insemination nicht unbedingt verbessert hat.

Die erwähnte psychoanalytische Autorin meinte, dass „anonyme Gametenspenden Leerstellen in der Biographie darstellen und die Identitätsfindung erschweren. . . Versagen die Funktionen des Körpers, werden die Liebe zum Partner oder zur Partnerin in Frage gestellt und

---

[116] Lebersorger, K. J., Kinder jenseits der Urszene? Psychoanalytische Aspekte der Eltern-Kind-Beziehung nach medizinisch assistierter Reproduktion, PSYCHE Nr. 8 (2018) S. 611 - 639

latente Konflikte aktiviert (Springer-Kremser, M. (1983): Psychosexualität und Gynäkologie)... In der Wahrnehmung vieler Paare müssen irritierende Phantasien und Gedanken abgewehrt werden, um eine erfolgreiche Behandlung zu gewährleisten." Es liegt eben nicht eine geschlossene Drei-Einheit-Gleichung vor, sondern eine zersplitterte Zwei-Einheit-Gleichung mit einer Unbekannten. Diese Unbekannte betrifft jedoch das Kind, auch wenn der Spender inzwischen nicht mehr so anonym ist, denn es kommt schon wegen der Häufigkeit des gleichen Spenders kaum zu Kontakten.

Sicher könnte man auch sagen, allgemeine psychische und soziale Elemente können die familiäre Drei-Einheit genauso stören wie das Element der künstlichen Reproduktion. Bekanntlich schob Freud dem Wahrnehmen der Urszene, dem verstörenden Blick des Kindes ins elterliche Schlafzimmer, große Bedeutung für die psychische Traumatisierung zu. Die Psychoanalytikerin D. Ehrensaft schreibt dazu: „Eizellspenderin, Samenspender oder Leihmutter können archaische Schlafzimmerszenen in Form von stimulierenden Phantasien über unerlaubte außereheliche Sexualität oder einer ménage à trois triggern. Die Phantasien ergießen sich in alle Richtungen und sind nicht nur in der Psyche der Eltern, sondern auch in der der Kinder und etlicher anderer Leute zu finden."[117]

Auch wenn es äußerlich gar nicht chaotisch aussieht, übernehmen Kinder die in den Eltern schlummernden Konflikte wahr und entwickeln genauso wie die Eltern selbst alle mögliche verwirrenden und perversen Phantasien. „Jedes Kind hat eine Ahnung, dass sein Ursprung in der besonderen Verbundenheit seiner Eltern liegt, lädt diese mit Phantasien auf und forscht so auf seine Weise nach der Urszene."[118] In solchen ART-Familien (assistierte Reproduktionstechnik) müsste viel mehr mit den Eltern und später mit den Familien geredet werden, denn sonst schlägt die kalte Mathematik des Eros zu, der doch sonst ein freundlicher Knabe mit Pfeil und Bogen ist.

Jede Familie, jede Gruppe stellt nichts anderes dar als einen Spiegel- und Echo-Diskurs, in dem die die B(r)uch-staben als Verdrängtes oder im Bewussten unbearbeitetes Material zu ‚Widerhalleffekten‘, zu einem Laut des Eros, zu einem *Spricht* gerät. Gleichzeitig ist

---

[117] Ehrensaft, D., When baby makes three or four or more: Attachement, individuation, and identity in assisted-concep-tion families. Psychoan. Study Child 63 (2008) S. 5 (Übers. von K. J. Lebersorger)

[118] Lebersorger, K. J., Kinder jenseits der Urszene? Psychoanalytische Aspekte der Eltern-Kind-Beziehung nach medizinisch assistierter Reproduktion, PSYCHE Nr. 8 (2018) S. 634

das *Strahlt* etwas betörend Glänzendes, ein verführerischer Schein. Doch es genügt nicht, das so zu sagen, also zu argumentieren, dass das *Strahlt* den *Eros* für ein *Spricht* repräsentiert und umgekehrt. Es genügt nicht diesen Ausdruck in einer mathematischen Gleichung hin zu schreiben. Zur Logik und Mathematik muss auch eine Praxis kommen, in der jeder, jedes menschliche Subjekt, selbst das Ergebnis der Gleichung realisieren kann. Kurz: man muss das ergründen, was Foucault eine „Erotik der Wahrheit" nannte.[119]

Er schließt an Platon an, dessen sokratischen Bezug zum „philosophisch-manischen Eros" ich schon mehrmals erwähnte. [120] In dieser Liebesleidenschaft nach der wahren Erkenntnis spielte das *Spricht*, der innere Laut eine wichtige Rolle. Um dieses Es *Spricht* im Unbewussten geht es ebenfalls bei der Verwendung meines analytisch-kathartischen Verfahrens. Auch an die bei Bhagwan Rajneesch, dem Guru der 70ger Jahre, praktizierte ‚dynamische Meditation', dachte ich, bei der die Menschen tobten und schrien: man wusste nie ob es ein Laut aus sexueller Lust oder aus Todesangst war. Es klang beides gleich. Der Sterbenslaut der Liebe, der Liebeslaut des Vergehens war stets der gleiche.

---

[119] Foucault, M., Short Cuts, Das Abendland und die Wahrheit des Sexes (2001) S. 82-89
[120] Platon, Phaidros, Piper (1989) S. 53 und 85

Die linguistische Behauptung, dass die „Liebessterbens-laute" im Sex der Anfang des Sprechens waren, stimmte zwar nicht, aber dass sie die eine Eins der Mathematik des Eros sind, könnte man gelten lassen. Die andere Eins ist das *Strahlt* des Ikonischen, des unbewussten Phantas-mas, das genauso im frühkindlichen Eros wurzelt und eine wichtige Rolle in der Behandlung von Neurosen und Persönlichkeitsstörungen spielt.. Im Anfang des Sprechens waren Plosive wie das „p" vor den Frikativen (f) oder den Verschluss- und Klicklauten in der Urspra-che der Menschen zuerst da. Aber ist deswegen aus die-sen Frühformen erotischer Kommunikation die heutige Sprache entstanden, wie auch manche wissenschaftli-chen Autoren meinen?

Lacan meint sehr wohl, dass der Vormensch wie die Tiere nur eine Signal- und keine Symbolsprache kannte. Wie im Vogelgezwitscher konnte er Lautsignale geben, doch außer dem Trillern von Liebesbegehren und Re-vieransprüchen war ihm keine Aussage möglich. Erst als er eine Lautfolge betont und bewusst wiederholen konnte, als er eine Regung, ein Erstaunen, einen Affekt mit der gleichen Lautsequenz noch einmal und dann wieder und wieder von sich geben konnte, war das Sym-bol, das erste Wort geboren. Im Vogelgezwitscher sind die Lautfolgen nicht immer konsequent die gleichen, und selbst wenn sie dies sind, so werden sie nicht mit einer Art von Überraschung, zunehmend ernsthafter

Betonung und Bewusstheit vorgetragen. Aus der reinen Lautbildlichkeit ist eine Worthaftigkeit und Signifikanz geworden, die mit zunehmendem Verständnis perpetuiert werden konnte. Dich liegt nicht gerade in dieser Entstehungsweise auch ein fast mathematischer Eros?

Wenn auch die Plosive beim Liebemachen nicht der Ursprung der Sprache sind, so erinnern sie doch an das, was ich schon mehrmals als das *Spricht* des Unbewussten bezeichnet habe. Das Unbewusste redet – wie schon mehrmals gezeigt – keine Hochsprache, sondern grummelt, „röchelt, schreit, gurrt ..; es kennt alle Kategorien des Vokalischen. Es ist ein sexueller Aspirationslaut."[121] Es ist etwas nicht nur Bild- und Zeichenbezogenes, sondern eben auch *Signifikanten*- und Wortbezogenes, das uns jedoch wie Fremdes, *Anderes* zukommt. Lacan definiert dieses *Spricht* auch als die ‚Echos im Körper'. „Die Philosophen . . wissen nicht, dass die Triebe das Echo im Körper sind. . .Weil der Körper einige Öffnungen hat, deren wichtigste, weil sie nicht geschlossen werden kann, das Ohr ist, antwortet im Körper das, was ich die Stimme genannt habe."[122]

Kurz: der Laut, das Es Verlautet, ‚Es *Spricht*', ist die eine Eins der Mathematik des Eros. Die zweite ist das,

---

121 Lacan, J., Séminaire Nr. XIV, Vortrag vom 19.4.67, Mitschrift S. 206
122 Lacan, J., Seminare XXIII, Übersetzung Lacan-Archiv, S. 10

was ich auch das Ikonische nenne, das Es *Strahlt*, das auch aus dem „Aufblitzen des Fleisches" bestehen kann, wie der Semiotiker R, Barthes schreibt. Das luzide Schauen ist beglückend, eine bis oben hin verhüllte Frau ist genauso wenig erotisch stimulierend wie eine nackte. Nur die halbbedeckten Stellen, die durchsichtig verschleierten, treiben den Eros an, was ebenfalls Barthes erwähnt, der die erotische Lust und das Lesen eines Textes in engen Zusammenhang bringt. So setzt er die „erotische Stelle des Textes" in direkte Beziehung zu der des Körpers: „Ist die erotischste Stelle des Körpers nicht da, wo die Kleidung auseinanderklafft? . . die Haut, die zwischen zwei Körperstellen glänzt? . . das Glänzen selbst verführt, oder besser noch: die Inszenierung des Auf- und Abblendens."[123] Was der Text noch nicht ganz freigibt, steigert – und dies nicht nur in den albernen Kriminalromanen – die Leselust, den Eros der Buchstaben.

Es geht also um „eine im Bild eingefangene Leerstelle. . . bei der Perversion gibt es keine erogenen Zonen . . die Unterbrechung ist erotisch, wie die Psychoanalyse richtig gesagt hat. . .", so Barthes. Die Unterbrechung, die Kluft, die Paradoxie, das geheime Schlüsselloch des Voyeurs und die blitzartig wechselnden Masken eines angeblich ungeheuer starken Begehrens drücken etwas Ultrasubjektives aus. Lacan nennt dieses „Glänzen" den

---

[123] Barthes, R., Die Lust am Text, Suhrkamp (1974) S. 16 - 18

Strahltpunkt des Schautriebs, den Lichtquell der Re-flexe.[124] Es ist die Lumineszenz, die auch in den soge-nannten luziden Träumen herrscht. Man steht wie leicht unter Strom, und auch dieses Phänomen gehört in die Rubrik des Eros.

Die Schaulust des Blicks fixiert sich nicht wie beim Se-hen des Auges im perspektivischen Fluchtpunkt des Ho-rizonts, sondern im Subjektpunkt der erotisierten Wahr-nehmung, die beim Kleinkind noch vollständig und fast autoerotisch ist. Am Anfang ist der Körper noch eine ‚substance jouissante‘, ein elementares, autochthones Körpergenießen.[125] „Wieso hat das noch nie jemand be-hauptet? Dies ist das Einzige, abgesehen vom Mythos, das wirklich erfahrbar ist. Ein Körper genießt sich selbst,“ sagt Lacan und ergänzt, dass das ganze Köper-selbstgenießen nur funktioniert, wenn es in den Rahmen gestellt ist, in dem neben dem Realen auch Wort- und Bild-Wirkendes, und das heißt eben auch ein entstehen-des Subjekt präsent ist. Daher nochmals kurz zurück zu Foucault.

---

124 Vom Aufblitzen einer Helligkeit, einer „Luzidität“ beim Erwa-chen spricht Lacan auch in seinem Seminar XXII, Staferla, S. 33, wo er zudem auch betont, dass die eigentliche Realität des Blicks in einem Punkt der Unendlichkeit besteht, egal von woher be-trachtet. Exakt dies betrifft das von mir verwendete ‚Es *Strahlt*‘.
125 Lacan, J., Seminar XXI, Vortrag vom 12. 3. 1974

10. Wahrheit und Blick

Die ‚Erotik der Wahrheit' ist es doch, „die ihre Effekte nicht mehr nur in der Heftigkeit oder Ausgefallenheit der Szenen, die sie ersann, zu suchen, sondern in der leidenschaftlichen Erforschung einer bestimmten Wahrheit der Lust", schreibt Foucault. Doch der Versuch über das Wissen vom Sexuellen, über die Wahrheitsfindung einer erotischen Identität die eigene Identität zu finden, ist in dieser Form gescheitert. Deswegen – so Foucault – hat man ja künstlich eine Sexualwissenschaft erfunden, um so letztendlich die Wahrheit über uns selbst, über unsere Seele und unsere Körper in moderner Weise herauszufinden, die „sich mit dem Eifer des Insektensammlers auf Erforschung der sexuellen Praktiken, ihrer Varianten und ihrer ganzen Verschiedenartigkeit, stürzt." Foucault meint wohl diesen Wissenschaftsmechanismus, der „den Sex mit fast unerschöpflicher Geschwätzigkeit zum Sprechen bringt. Wir leben in einer Gesellschaft des sprechenden Sexes" (der nichts bringt), schließt Foucault diesen Absatz.

Wie schon eingangs erwähnt, geht es Foucault um die „Geburt einer Moral, insofern diese eine Reflexion über die Sexualität, über das Begehren, über die Lust ist."[126]

---

[126] Foucault, M., Short Cuts, Die Sorge um die Wahrheit (2001) S. 162 – 180)

Vielleicht ist hier das Wort ‚Moral' missverständlich, denn es geht – meiner Ansicht nach – eher um eine Anleitung zum Selbermachen, um die Frage: „Wie steht man im Eros zu sich selbst, wie ‚regiert' man sich selber", und zwar speziell im erotischen Liebesbezug zu sich und zu anderen, nachdem man gesehen hat, wie sexuell Auffallende oder psychisch Kranke mehr oder weniger ‚regiert', also behandelt und verwaltet werden, und demnach nicht frei und selbstentscheidend sind.

Foucault geht ja davon aus, dass man die „Konstituierung eines Wissens über die Sexualität nicht bloß von den Mechanismen der Repression aus analysieren kann. . . So war im alten Griechenland „die Liebe zu Knaben frei (in gewissen Grenzen [speziell des Alters, Anm. des Autors]), und hierzu ist eine ganze Konzeption der Zurückhaltung, der Enthaltsamkeit und des nicht-sexuellen-Bandes ausgearbeitet worden. Es ist also nicht das Verbot, das die Problematisierungen erklärt. . . [und so ist] es wohl besser, diese Moral in der Form . . . einer *Kunst der Existenz,* oder sagen wir lieber einer *Lebenstechnik* [zu reflektieren]", die Selbstpraxis ist, Eros vermittelte Selbsttherapie.

Ich habe schon angedeutet, dass dies alles vielleicht nicht schlecht gesagt ist, aber keine praktische Mathematik des Eros daraus resultiert. Denn Foucault schreibt nichts darüber, wie man sich seine erotische

Lebenstechnik (abgesehen von der hölzernen Sperrigkeit dieses Wortes) vorzustellen hat oder sie ausübt. Tatsächlich sagt Lacan „dass eine gute Sexualtechnik eine primitive Wissenschaft" ist,[127] indem er in ähnlicher Weise wie Foucault Bemerkungen über die Mathematik des Eros verfasst. Primitiv soll heißen: mythisch, magisch, mystisch, jedoch so erzählt, dass man die Technik ernst nehmen muss. Lacan ging wohl davon aus, dass die Leute im Sex wirklich echt sind, unverfälscht, aber was heißt das? Deswegen erfährt man ja noch lange nicht, ob die Echtheit auch eine klare Aussage hat.

Bei Foucault handelt es sich eben von vornherein um keine Wissenschaft, sondern um eine Kunst, die schon erwähnte ‚ars erotica', die in der Antike seiner Meinung nach funktioniert hat. Wie genau, weiß man nicht. Doch was ist in diesem Zusammenhang eine Kunst? Lacan sieht eine Wissenschaft auch als eine vom Eros bestimmte an, aber sie gilt freilich nicht mehr als primitiv, sondern als elaboriert, nämlich in der Form seiner Psychoanalyse. Die hat jedoch auch in der Praxis ihre Mängel (zu langes, umständliches, teures, zu rationalisierndes und sprachfixiertes Vorgehen), und so bleibt die Frage nach einer letztlichen, fundierten Umsetzung des Eros offen.

---

[127] Lacan, J., Schriften II, Walter (1980) S. 22

Früher haben die Gemälde von Hieronymus Bosch oder das Wandgemälde von L. Signorelli im Dom von Orvieto direkt bildlich versucht, den Eros unverfälscht darzustellen. Sie haben nämlich die Hölle vorwiegend aus Sexszenen bestehend gemalt. Die Teufel in Signorellis Höllensturz waren nackte, durch Bodybilding gestylte dunkle Männer, die es wild und etwas heftig mit ebenso nackten vollbusigen Frauen trieben. Man fragt sich zurecht, warum dieser Maler – wie schon eingangs erwähnt – die Hölle als einen Sado-Maso-Club gemalt hat, was vielleicht für die histrionischen, gezierten und pingeligen Etepetete-Frauen mancher damaliger Adelsgesellschaften eine Strafe gewesen wäre. Für andere aber eine kuriose Vorstellung von der Hölle, die aber wohl dazu dienen sollte, den Eros als scheußlich und negativ darzustellen, um ihn leichter verbieten zu können.

Ein Verbot ist nicht allein das Problem, wie Foucault hinsichtlich der Verdammung des Sexuellen schreibt, es gibt eben auch die „Aufreizung", die das Verbot indirekt impliziert: „Was hat man nicht alles über diese bürgerliche, verlogene, schamhafte Gesellschaft gesagt, die mit ihren Lüsten geizt und sie um keinen Preis anerkennen noch beim Namen nennen will. . . den Sünden-Sex."[128] Doch

---

[128] Foucault, M., Short Cuts, Das Abendland und die Wahrheit des Sexes (2001) S. 82-89

dann argumentiert Foucault, wie es wohl wäre, wenn es anders herum laufen würde, „wenn es im Innern der ‚Politik des Sexes' ganz andere Räderwerke gäbe? Nicht die der Verwerfung und Verdunklung, sondern solche der Stimulation? Wenn die Funktion der Macht nicht darin bestünde, .. zu untersagen und zu zensieren, sondern darin, in einer endlosen Spirale den Zwang, die Lust und die Wahrheit aneinanderzubinden"?

Denn genau das macht Signorelli, er sagt: schaut her, schaut euch an, was die da treiben, das erregt euch, pusht euch auf, aber es findet in der Hölle statt, es ist teuflisch, schrecklich. Spürt erst einmal die Lust, spürt den Eros, aber dann seht euch um, die anderen landen alle im Himmel von Engeln umschwebt, und ihr?! Heute wird das Gleiche getan, indem es wissenschaftlich erforscht wird, es werden anonymisierte Fragebögen zum Sexualverhalten verteilt, deviante Formen des Liebeslebens werden statistisch begründet und festgelegt. „Man sagt häufig," so wieder Foucualt, „das Abendland sei unfähig gewesen, auch nur eine einzige neue Lust zu erfinden. Hält man denn die Wollust, mit der man herumschnüffelt, aufstöbert, interpretiert . . . etwa für nichts"? Immer werden Regeln darum herum gemacht, dabei fehlt eigentlich nur der „Eros ohne Gesetz", ohne ständige Beurteilungen, Untersuchungen und Regularien. Ohne bi, trans, hetero, homo, divers, usw., usw.

Offensichtlich hatte man im Mittelalter große Angst vor der Sexualität, denn für uns heute würde es doch viel naheliegender sein, die Hölle als trostlosen, eiskalten leeren und verrotteten Kellerraum darzustellen, in dem es vielleicht noch gerade oben an einer Wand ein schmales vergittertes Fenster gäbe, zudem Reste von schimmligen Brot und fauligem Wasser, und alles mögliche Getier kriecht auf einem herum. Oder warum die Hölle nicht als das zeigen, was die Roten Khmer früher genauso wie die Amerikaner auch heute noch ständig anwenden: Waterboarding, Scheinbar-Ertrinken und ähnliche Foltermethoden mehr? Oder Tantalusqualen oder Arbeit als Galeerensklave. Sind die Höllenbilder Pornographie?

Nein, die Höllenbilder aus der Antike oder aus dem Mittelalter zeigen, „dass das Begehren des Menschen die Hölle ist, insofern es die Hölle ist, die ihm fehlt. . . Wir erhalten Zeugnis darüber in der Neurose. Die Neurose ist Folge einer untersagten Perversion,"[129] eines verbietenden Über-Ichs. Das heißt nicht, dass der psychisch Kranke pervers werden muss, um gesund zu sein, aber er muss es sich eingestehen, dass so etwas wie das Höllenbild in ihm wohnt. Er muss es auch vor einem anderen aussprechen und davon in differenzierter Weise reden. Auch heute noch gibt es „Triebangst", wie Freud es

---

[129] Lacan, J., Seminar XXII, Steferla, S. 45

titulierte, also Angst vor der Lust und dem Verbots-Ich, das Perverses unbearbeitet, unbesprochen, verdrängt.

Die Sache lässt sich z. B. gut an dem Maler Balthus eruieren, dessen zweifellos mit einer ge wissen Pädophilie ausgestatteten Bilder derzeit (2018) in der Galerie Beyeler in Basel zu sehen sind. Vor allem das ‚Skandal-Bild' Therese revant (Abb. nebenan) stand bereits mehrmals im Zentrum einer Diskussion. „Balthus? Ist das nicht

dieser leicht schlüpfrige Franzose, der Kunstfreunden Stoff für verbotene Fantasien lieferte? Der als Maler elf- oder zwölfjährigen Mädchen unter die Röcke schaute und – zur Bemäntelung seiner Frivolität – ihre blütenweiße Unterwäsche als Sinnbild sittlicher Reinheit ins Bild brachte? Deshalb lautet die Frage vor dem Hintergrund der Metoo- und Genderdebatten dieser Tage: Darf die Fondation Beyeler in Riehen bei Basel diesen Künstler ausstellen? Ist das nicht höchst fragwürdig, ja verwerflich?"[130]

Es ist wohl genauso verwerflich, wie das Gedicht des Schweizer Lyrikers Eugen Gomringer an der Fassade

---

[130] Stuttgarter Zeitung vom 31. 8. 18

der Alice-Salomon-Hochschule in Berlin (siehe nebenan stehende Abbildung). Feministinnen protestierten, dass hinter diesen acht Zeilen die Prostitution verherrlicht wird (letzte Zeile: Avenuen und Blumen und Frauen und

avenidas
avenidas y flores

flores
flores y mujeres

avenidas
avenidas y mujeres

avenidas y flores y mujeres y
un admirador

ein Bewunderer). Der Text musste daraufhin entfernt werden, was eine Riesendiskussion über ‚political correctness' auslöste und gleichzeitig die beste Werbung für den Dichter war. Aber es war eben auch der Feminismus wieder mehr im Gespräch, der seit Simone de Beauvoir und Alice Schwarzer außer Mode gekommen ist und jetzt erst wieder mit Olympe de Gouges und Margarete Stokowski etwas Fahrt aufnimmt. Es ist gut mit dem Plus und Minus aller Auffassungen zu leben.

Dass man also etwas – oder auch nur Es – lieb und treffend sagt und auch Wissen hat, ist wichtig, um zu einer Mathematik des Eros zu kommen. Es muss in umfassenderer Hinsicht stimmig sein. Zumindest in einen gewissen Zusammenhang muss doch das Schreiben über den Eros auch mit der Praxis seines Autors stehen. Irgendwo gibt es im Unbewussten eines jeden Menschen ein Wissen, das richtig und gut gesagt ist, aber es muss erst aus der Tiefe herausgeholt und in die Sprache des Bewusstseins übersetzt werden. In jedem Menschen ist wohl noch ein bisschen die Erinnerung an dieses frühe „instabile, unkontrollierte weibliche Überich" – wie Freud sagte – vorhanden, das an die Mänaden und Erynien erinnert. Warum sollte der Zögling Törleß und der junge (und sogar auch noch spätere) Thomas Mann nicht durch diese schon vor der Pubertät angelegten und dann erst recht sich ausprägenden erotischen Verwirrungen hindurchgegangen sein?

Nicht richtig gewusst und nicht gut gesagt sind allerdings auch die Darstellungen des Liebesaktes bekannten Belletristik-Autoren, die ich schon zitiert habe. Sie haben alle Lacan nicht gelesen, der verkündet hat, dass „es Liebe, wirkliche Liebe, nur zu einem *Namen* gibt." Richtig gewusst und gut gesagt lässt sich „die Liebe nur in der Perspektive der Frage erfassen, im Wesen des Anspruchs, denn es gibt Liebe nur für ein Sein, das sprechen kann. Die Dimension, die Perspektive, das Register der Liebe entwickelt, profiliert, schreibt sich ein, nur in das, was man die Unbedingtheit des Anspruchs nennen muss."[131]

Man kann die Liebe auch auffassen als eine „Identifizierung mit dem Realen des realen *Anderen*," etwas, das weit außerhalb ex-sistiert, wie Lacan schreibt, das also sistiert (beharrt), ex (außerhalb).[132] Deswegen haben die

---

[131] Lacan, J., Le transfert, Seminaire Nr. VIII, edition seuil (1991) S. 414
[132] Lacan, J., Seminar XXII, Staferla, S. 62

Formel- und (anders geartet) *Pass-Worte* so Anteil am Realen, weil sie wie von weit vom Exterritorialen her, vom Eigenen und doch *Anderen* her wirken. Und dies kaum noch im Bild- und Wort-Wirkenden, denn die Formel-Worte sagen nichts, sondern eben vorwiegend im Realen, in einem ihm selbst eigenen Namen. In seinem Seminar IX diskutiert Lacan das Wesen des Eigennamens als solchem – also nicht des behördlichen, üblichen Namens – sondern dessen, der nämlich per se und im Grunde genommen mit nichts zu definieren ist. Er ist das Reale des realen *Anderen.* Hier bestätigt Lacan auch, dass es eigentlich keine Wort-Vermittlung vom Unbewussten zum Vorbewussten gibt (wobei von letzterem dann eine Vermittlung zum Bewussten erklärbarer ist), obwohl dies eigentlich so wichtig wäre, weil man nur dadurch seinen originären ‚Eigennamen' kennen lernen könnte, also den, in dessen Namen man sprechen sollte.

Denn üblicherweise sprechen die Menschen mal im Namen ihrer Wünsche, mal im Namen ihrer Familien, ihres Vaters, ihrer Vorgesetzten, ihres Gewissens oder dessen, was sie für ihr Ich halten, aber kaum je im Namen ihrer ureigentlichen Identität, ihres eben zum großen Teil im Unbewussten versteckten Eigennamens, der die wesentliche Identität, die Identität im Eros benennt. Hetero-, Homo- oder Trans-Sexualität genügt dafür nicht. Wir werden noch sehen, dass der ‚Eigenname' als Leitlinie für eine Mathematik des Eros dienen kann. Denn ein

Name, ein *Strahlt / Spricht* - Komplex (so bezeichne ich rein strukturell das, was ein wirklicher (Eigen-)Name ist und was ich hier als mathematisches Doppelprinzip herausarbeiten will), könnte den Tod überdauern.

Wie kann man nun die Pragmatik verbessern und aus dem *Strahlt / Spricht*, aus dem Laut des ‚l´amourire‘, aus amour, Liebe und mourire, Sterben, und aus dem Glänzen des Erosblicks eine Mathematik desselben machen? „Eine gute Sexualtechnik ist eine primitive Wissenschaft", zitierte ich Lacan, und es ist schwer zu sagen, was man damit anfangen soll. Es handelt sich wohl um das, was man eben nicht auf elaborierte wissenschaftliche Weise beschreiben zu kann. Lacan bezog sich dabei auch auf das Wesen des Tantra, von dem er selbst sagt, dass „etwas Tatsächliches dran sein könnte. . . Denn ganz generell ist es möglich, dass es ein Wissen um das als sexuell bezeichnete Genießen geben könnte, welches der Grundwahrheit dieser bestimmten Frau gleichkäme, wenn es überhaupt solch eine Frau gibt, die sozusagen alle vertritt. Diese Angelegenheit ist nicht undenkbar, denn es gibt dergleichen mythische Spuren in manchen Ecken. Von Dingen wie dem Tantra sagt man, dass es [tatsächlich] praktikabel sei."[133]

---

[133] Lacan, J., Seminar XVIII, Sitzung vom 17. 2. 71

Aber ist ein wirklicher Akt dagegen nicht etwas anderes, eher so etwas wie das Wesen der Enthüllung, die den Charakter einer Offenbarung, eines Geständnisses oder einer tiefsinnigen Performance hat? Schließlich geht es dabei um eine Erfahrung, die man auch in einer Psychoanalyse macht, wenn man aus Übertragungsliebe zum Therapeuten alles sagt, Peinlichkeiten, Blödheiten, Intimitäten. Wenn man sich also völlig preisgeben muss, in all dem, was man dem *Anderen* sagt und zeigt. Im Akt muss solch ein vorgezogenes, symbolisch-imaginäres Preisgeben, Sterben, liegen, egal ob es im Sprechzimmer des Analytikers passiert oder – wie im Falle meines kathartisch-analytischen Verfahrens – zu Hause. Irgend ein Sexualwissenschaftler hat einmal behauptet: man muss Wehen haben, um die Geburt des Aktes als etwas wirklich Kreatives hervorzubringen und um sich zu zeigen, woran man ist. Das kann man auch zu Hause in der Meditation haben, ist meine These, denn meditieren beinhaltet so etwas Ähnliches wie Wehen haben.

In einem spanischen Ratgeber des 17. Jahrhunderts (Kama Sutra Espagnol) hieß es sogar, der Liebesakt sollte ein Gebet sein, inbrünstig ins Jenseits gerichtet, weil dies im Diesseits die beste Wirkung habe. Das scheint mir jedenfalls fast fortschrittlicher als die modernen Sex-Technik- und -Akrobatikratgeber zum gleichen Thema, die heutzutage auf dem Markt sind. Bücher über „Orgasmus Schulen" wie etwa das von J. Chang machen

uns wohl etwas vor. Changs Methode des „weichen Ein-
dringens" und „rechtzeitigen Zurückziehens" ist nicht
der Schlüssel der Liebesweisheit.[134] Denn „schlaff hinein und stark heraus" wie er meint, ist so etwas wie eine
erotische Hypochondrie, eine Paradoxie des Genießens,
ein kurioses Patt.

Da war ja Ovid noch fortschrittlicher: er empfahl einfach
den Frauen, sie sollten´s doch den Göttinnen nachma-
chen,[135] und die waren ja in Griechenland bekanntlich
nicht zimperlich. Natürlich verstand er nichts von der
weiblichen Psyche. Seine Liebeskunst besteht in Tausend (männlich orientierten) Äußerlichkeiten, doch zur
Sache kommt er nie. Eine ausgearbeitete Wissenschaft,
eine sich an der Mathematik orientierende Erotologie
muss anders aussehen. Sie muss das von mir eingangs
schon erwähnte innere, ‚gute und konstante Objekt' realisieren, das ausreichend erotisiert ist, so dass es selbst
die Ebene des Blicks, also der imaginären Ordnung als
stabilisierten *Strahlt* erreicht. Es muss ein Ikon geben.

In der Psychoanalyse gelingt dies nie so ganz perfekt,
schließlich wird ja der Blick möglichst vermieden, die
Erotisierung könnte zu stark ausfallen, wenn Therapeut
und Patient sich in die Augen sehen. Dies verhält sich in

---

[134] Chang, J., Das Tao für liebende Paare, Rowohlt (1991) S. 106
-117
[135] Ovid, Die Liebeskunst, Goldmann (1990) S. 78

der *Analytischen Psychokatharsis* anders. Hier blickt man ja ins Dunkel, in die Leere vor einem, bis sich eine Helligkeit, eine Luzidität, ein ‚Durchrieseln', ein *Strahlt* auftut, das einen angeht, anblickt, ‚anmacht', erotisiert. Mystiker, Angelus Silesius z. B., haben vom Auge Gottes gesprochen, das einen ansieht, aber so weit muss man nicht gehen.[136] Es genügt, dass die imaginäre Ordnung in ihrem Eros sich stabilisiert, gut und konstant.

Mit solch einem erotisierten und doch auch stabilisierten, also einem dem Eros angemessenen Blick, kann man jedem in die Augen sehen. Dieser Liebesblick ist den Menschen heutzutage völlig verloren gegangen, ich habe ihn nur bei wenigen Menschen und nur meist solchen aus den sogenannten Dritte-Welt-Ländern wahrnehmen können. Dabei würde er allen so gut tun, viel unnötiges Gerede und Geschwätz könnte vermieden werden. Denn wenn das „volle Sprechen", das – wie Lacan sagt – sich in der Form der Wahrheit zwischen Analytiker und Patient verwirklichen soll, nicht ausreicht, braucht es eben den guten, angemessen erotisierten Blick. Nur er kann die üblichen Sprachmauern (Verlegenheit, Hemmung, Lüge, Tratsch, Leugnung etc.) überwinden. Worte reichen allein nicht aus. Das *Strahlt* und *Spricht* muss zusammenkommen.

---

[136] Angelus Silesius, Der Cherubinische Wandersmann, in Ges. Werke, fourierverlag (2002)

Früher haben Ethnologen gemeint, dass das echte, freie und intensive Liebesleben bei den sogenannten Primärvölkern zu finden sei, der abendländische Zivilisationsmensch sei zu nüchtern, phantasielos und zwanghaft. Doch M. Meads Forschungen bei den Samoanern in der Südsee, die ein sehr harmonisches erotisches Verhalten zeigen würden, konnte D. Freeman widerlegen.[137] Auch bei diesem noch so naturverbundenen und scheinbar ungebunden lebenden Menschen war ersichtlich, dass die Freud'schen Grundannahmen eines Liebes-Rivalitäts-Komplexes (Ödipuskomplexes) bei all diesen Völkern genauso vorhanden ist wie bei uns. Er ist nur ziemlich verschoben.[138]

Bei den Trobriandern ist es, wie andere Untersucher fanden, gleich am Äußeren anzusehen, dass Liebe und Gewalt zusammen vorkommen und dass sie auch eine Form gefunden haben, beide zu verschmelzen: Es gibt einen sado-masochistischen Zug in ihrem Liebesleben, indem Bissnarben (geda) häufig sind, die auch von den jungen Burschen mit einem gewissen Stolz zur Schau getragen werden. [139] Und bei den Siriono „lassen sich die Paare in

---

[137] Freeman, D., The Fateful Hoaxing of Margaret Mead. A Histo. Analysis of Her Samoan Research. Westview Press (1998)
[138] Maier, C., Das Fremde in der Psychoanalyse, Pfeiffer (1993) S. 103-104
[139] Ford, C. S., und Beach, F.A., Formen der Sexualität, Rowohlt (1986) S. 62-63

Balgereien ein, bei denen sie einander am Hals und auf
der Brust kratzen und kneifen, sich gegenseitig die Fin-
ger in die Augen bohren", bei den Choroti spucken während des Koitus die Frauen ihrem Liebhaber ins Gesicht,
und bei den Apinaye' beißt die Frau manchmal Stück-
chen von den Augenbrauen ihres Partners ab und spuckt
sie geräuschvoll beiseite." Hat es doch der gute alte
Frauenarzt Dr. Van de Velde schon gewusst, als er vor
100 Jahren seine „Vollkommene Ehe" schrieb: Blaue
Flecken am Arm der Partnerin zeugen von der Liebesleidenschaft und sind ärztlich voll vertretbar, ja er-
wünscht!

Auch in ethnopsychoanalytischen Untersuchungen noch
ursprünglichst lebender Völker, z.B. bei den „Frauen
von Palau" auf Neuguinea finden wir, dass von sanfter
Liebe sowohl bei den Forschern wie auch bei den befrag-
ten Eingeborenen nicht viel die Rede ist. [140] „Die Macht
der Frauen beruht auf der Mutterschaft und dem Gelderwerb durch Sexualität und Ehe." Es ist viel freie Sexualität für die Frauen da, das ganze Frauenhaus bricht auf,
um Monate im Männerhaus eines anderen Dorfes in
freier Liebe zuzubringen und dafür gibt es auch noch
Geld. Auch im normalsten Alltag müssen die Ehemän-
ner für Sex zahlen. Individueller Ehebruch aber wird

---

[140] Heinemann, E., Die Frauen von Palau, Zur Ethnopsychoana-
lyse einer mutterrechtlichen Kultur, Fischer (1994)

strengstens bestraft! Ebenso wird die genitale weibliche Sexualität stark unterdrückt, „die Vagina gilt als unersättlich und muss durch die Drohung, zu versteinern, gebannt werden." Die Mädchen „opfern ihre Liebe und genitale Sexualität" unter dem Druck der herrschenden Mütter aus Gründen der Klanregeln. Und es gibt zahlreiche Regeln! Alles, vor allem aber „orale Gier" muss durch Abwehrzauber in Schach gehalten werden.

Doch weil alles so umgekehrt wie bei uns aussieht, hat man das Gefühl, dass man häufig nur ganz andere Worte verwenden müsste, wenn es um scheinbar entsprechende Dinge geht! Es handelt sich wahrscheinlich gar nicht um Gelderwerb durch Sexualität, sondern um Gelderwerb durch das Eingehen auf männliche Genitalität. Auch opfern die Mädchen vielleicht gar nicht ihre genitale Sexualität, sondern ihr Liebesgenießen? Denn wenn dauernd Geld für Sex gegeben wird, klingt das irgendwie nach Prostitution, in Wirklichkeit genießen die Mädchen einfach nicht die intim-intensive Beziehung und das Zusammensein mit einem bestimmten Mann, dort, weil sie nicht dürfen, und bei uns, weil sie nicht können?

Die ideale, gelungene, vom Eros tangierte, kompakte – und damit mathematisch konkrete – Kombination des *Strahlt / Spricht* (imaginär, symbolisch und real) ist Garant dafür, dass das Leben gegenüber dem Tod im Vorteil bleibt. Nur in diesem mathematischen Sinne gibt es ein Leben nach dem Tod. Das Ich samt seinen Idealbildungen (Ich-Ideal und Ideal-Ich) und seinem Überich stirbt genauso wie der Körper. Solange es immer wieder Menschen geben wird, denen diese endgültige Kombination auch in der Praxis gelingt, wird das Leben (biologisch und geistig, also in der Summe der Signifikanten) weitergehen. Mystiker haben das *Spricht* als ‚Laut' (Urknall) und das *Strahlt* als ‚Licht' (frühe Inflation des Universums) bezeichnet. Es war immer das Gleiche gemeint, auch wenn es eben nur materialistisch oder nur mystisch (spiritualistisch) formuliert worden war. Doch jetzt ist es Zeit für eine moderne wissenschaftliche Ausdrucksweise.

Viel nüchterner und präziser haben nämlich Sexualwissenschaftler das Wesen des ‚Liebesaktes' einzufangen versucht, und dies war es ja, was Foucault so kritisierte. Der bekannte Sexualwissenschaftler V. Sigusch hat ein geschicktes und präzises Vorgehen gewählt. Er durchforstete zuerst die gesamte sexualwissenschaftliche Literatur, bevor er klar feststellte: „Er [der Orgasmus, insbes. auch der der Frau] kann mit bekannten physiologischen und klinischen Untersuchungsmethoden festgestellt und anhand bestimmter Reaktionen medizinisch definiert werden."[141] Sigusch weiß sehr wohl, dass er

---

[141] Sigusch, V., Exzitation und Orgasmus bei der Frau, F. Enke Verlag (1970) S. 50

hier eine vorwiegend physiologisch-medizinische Betrachtungsweise einnimmt und hält es für „wissenschaftlich legitim, eine Dimension [hier also nur die physiologische] herauszugreifen." . . weil „die eigentlich zugrunde liegenden physiologischen Reaktionen bei allen Individuen einander entsprechen." Aber doch nicht bei Mann und Frau?! Und doch nicht ohne die gleichzeitigen psychologischen Effekte?!

Die Sexualpsychologin M. Chivers hat feststellen können, dass es „in der weiblichen Sexualität zu einer völligen Dissoziation von Körper und Gefühl kommt."[142] Vielleicht liegt dies aber auch an der Untersuchungssituation: Mit dem geliebten Partner würde die Frau vielleicht etwas merken, wenn es auch nicht der Blutdurchfluss ist, der ihr erotische Gefühle vermittelt, sondern die Liebeshandlung. Man dürfte dann gar nicht von weiblicher Sexualität sprechen, sondern eher vom weiblichen Genießen, und das gelingt eben mit den Maßapparaten nicht so gut.

Aber die mehr psychologisch argumentierenden Autoren machen mit Fragebogenuntersuchungen das Gleiche, sie verweisen der Vollständigkeit halber, wenn sie die rein psychischen Vorgänge beim Orgasmus beschreiben, auf die zusätzlich nötigen physiologischen Arbeiten,

---

[142] Projekt Pink Viagra, Zeitmagazin, 23. 7. 09

suggerieren jedoch, dass sie damit alle männlich-weiblichen Entsprechungen erfassen. Sie haben von Anfang an ein differenzierteres Begriffsinstrumentarium auf der Definitions-Ebene eingeführt und Appetenz (Verlangen) von Erregung und Orgasmus unterschieden.[143] Erregung betrachten sie dann fast als eine Voraussetzung für den Orgasmus, stellen aber auch fest, dass subjektive und physiologische Erregung wenig miteinander korrelieren.

Also ist auch der Begriff der Erregung sehr diffus. Jedoch berichteten auch in dieser Untersuchung viele Frauen, dass ihnen Befriedigung wichtiger ist als Orgasmus, geben jedoch gleichzeitig an, dass masturbatorischer Orgasmus häufiger gelingt als ein solcher mit Partner. Letztlich kommt heraus, dass – geht man von einem weiteren Begriff, nämlich dem sexueller Zufriedenheit aus - diese mit Genussfähigkeit, dem Zulassen von Erregung und einem harmonischen seelischen Haushalt, insbesondere harmonischer Partnerbeziehung zusammenhängt. Am Schluss lässt sich also überhaupt nicht mehr feststellen lässt, wie diese vielen Begriffe letztlich mit den noch dazu verschiedenen Orgasmus-rund Befriedigungsformen korrelieren. Die Untersucher bemerken demnach auch, dass die Mehrzahl ihrer Fragebögen gar nicht mehr zurückkam, wohl weil diese Mehrheit die

---

[143] Langer, D., Langer S., Sexuell gestörte und sexuell zufriedene Frauen, Verlag Hans Huber Bern (1988) S. 22

ganze Aktion als widerwärtig oder gar `pervers' einstufte, während die zurückgesandten sich zumindest etwas positiv getönt äußerten.

Dies scheint ein generelles Problem der Sexualwissenschaft zu sein. Als Frauen, die zu Befragungen herangezogen werden, wählt man meist solche aus, die zu einer psychotherapeutischen Beratungsstelle gehen oder die aus entsprechend aufgeschlossenen Frauengruppen nach dem `Schneeballsystem' kommen, d.h. motivierte Frauen suchen wieder weitere motivierte Frauen zur Untersuchung aus. Denn ansonsten werden durch zu viele heikle und pikante Begriffe die Frauen schon vorher verschreckt und nehmen an derartigen Untersuchungen gar nicht teil.

Unklar bleibt also tatsächlich - dies war beim Kinsey und Hite-Report ebenfalls nicht anders - ob nicht ein Großteil der Frauen diesen Untersuchungen überhaupt aversiv gegenübersteht. Es könnte ja wirklich sein, dass es falsch ist, Sexualität sexualwissenschaftlich anzugehen. Freud war Psychoanalytiker und hat direkte sexologische Fragen nicht behandelt, obwohl bei ihm alles um das „Sexuelle" schlechthin kreist. Aber das ist etwas anderes als Sexualität. Das „Sexuelle als solches", das ist Foucaults „Sex" ohne Gesetz, Ur-Sex, ein Ur überhaupt. Ich greife daher zum Schluss zwei Untersuchungen auf, die als psychoanalytisch gelten können, gleichwohl aber sexualwissenschaftlich aufgebaut sind.

Auch in der ersten dieser Untersuchungen muss die Autorin sich zuerst einmal an die Begriffe herantasten, von denen sie glaubt, dass man von ihnen als gesichert ausgehen kann.[144] Ins Zentrum rückt jetzt mehr der Begriff „sexuelle Zufriedenheit", bei der dennoch der Orgasmus am Rande steht und eher die von den Frauen so oft betonte „emotionale Zufriedenheit" in der Partnerbeziehung in den Vordergrund rückt. Der in der Untersuchung verwendete Fragebogen zur „sexuellen Zufriedenheit" umfasst z. B. Begriffe wie „Einflussverteilung" (auf sexuelle Initiativen und Kontakte zum Partner) oder „Körperwahrnehmung", Items, die man also genauso gut als vom unbewusst Psychischen oder Emotionalem her geprägt sehen könnte und somit auch als Ausdruck unbewusster „affektiver Zufriedenheit" deuten könnte.

Wohl aus diesen Gründen versucht die Autorin auch mit einer ganz das Subjekt betreffenden Erfassung, nämlich der „sexuellen Phantasie" an das Problem heranzukommen. Dabei ergeben sich allerdings weitere Probleme, nämlich ob Phantasien mehr Ersatz für Realität bedeuten, Gefühlen gleichzusetzen sind oder kognitiv, als eine Art `wildes Denken' begriffen werden sollen. Die

---

144 Gromus, B., Weibliche Phantasien und Sexualität, Quintessenz (1993)

Autorin möchte eine „ganzheitlich verstandene Auffassung vom menschlichen Verhalten und Erleben, das durch mehrere Teilsysteme gesteuert wird, die dazu untereinander in Verbindung treten und sich gegenseitig bedingen." Alles ist mit allem irgendwie verbunden und wenn man es als Ganzes sehen kann, läuft es von selbst recht positiv. Das klingt sehr nach einem autonomen System wie dem des Ichs bei den Ich-Psychologen und scheint der Kaschierung zu dienen, dass man wissenschaftlich total ins Schwimmen gekommen ist.

Auch in einer anderen, wissenschaftlichen Befragungsstudie wurden Antworten auf bereits vorgegebene Sexual-phantasien analysiert.[145] Der Autor, U. Hartmann, bestätigt die geringe Korrelation bestimmter Phantasien oder deren Häufigkeit zum Begriff der „sexuellen Zufriedenheit." Auch er findet, dass Männer sexuelle Phantasien mehr als Ersatz für reale Sexualkontakte einsetzen, während für Frauen derartige Phantasien mehr Begleiteffekte bei bereits zufrieden-stellender Partnerschaft darstellen. Zum Schluss meint auch er: „Die erotische Phantasie wird so über die psychische Repräsentanz von Bedürfnisimpulsen über das Erleben von Befriedigung zur imaginativen Repräsentanz von Befriedigungsmöglichkeiten und über die Bereitstellung von

---

[145] Hartmann, U., Inhalte und Funktionen sexueller Phantasien, F. Enke (1989)

inneren Landkarten von Befriedigungsentwürfen schließlich zum handlungsleitenden Moment", wobei ganz am Ende sogar noch die „Autonomie" steht. Ein tolles Karussell, bei dem man, wie bei der vorherigen Studie, nur loszulegen braucht, um schließlich eine autonome Figur zu werden, die perfekt ihr sexuelles Liebes-Verhalten planen kann.

Zudem sind „seine" untersuchten Phantasien ja noch mehr von Hartmann selbst vorgegeben als die in der vorher erwähnten Studie, wobei noch dazu verlangt wird, dass die Probanden angeben müssen, „wie erregend die betreffende Phantasie-Szene empfunden wird, unabhängig davon, ob die betreffende Vorstellung Bestandteil der eigenen Sexualphantasien ist!" D.h. man untersucht gar nicht die Phantasien der Probanden, sondern jetzt sowieso nur noch die der Untersucher! Was immer der Forscher also untersucht, in seinen Ansatz ist seine subjektive Wahl, seine Phantasie, schon entscheidend miteingegangen.

„Niemand hat definitiv geklärt, ob eine Frau um jeden Preis einen Orgasmus braucht, um voll Frau zu sein . . ." denn, „eine große Zahl von Frauen sind krank vor Unsicherheit ob sie richtig genießen und sie sind nicht unzufrieden mit dem, was sie haben und hätte man ihnen nichts davon gesagt, würden sie sich gar nicht damit beschäftigen"![146] „Der orgasmus ist aufgebläht worden. Er hat die sexualität platt gedrückt," schreibt auch V. Stefan in Kleinschrift, wohl um das Ganze ein bisschen herunterzuspielen. „er ist oft das einzige, das von ihr übrig geblieben ist. alles andere wird darüber vergessen bis hin zu der frage, was ein orgasmus eigentlich ist und welche bedeutung er für die menschliche verständigung haben könnte."[147] Vielleicht brauchen die Frauen das Genießen als solches, als Genießen direkt in einer Art des ‚Durch-rieselns', als direkten Tausch, egal ob mit oder ohne Orgasmus, einfach als Genießen par excellence, was an Lacans Genießen des Realen, das das Reale des Genießens ist, erinnert? Und ist es dann nicht besser, das Problem dadurch zu lösen, dass man von einem männlichen und einem weiblichen Genießen spricht, die zu unterscheiden wären, weil dann auf jeden Fall sichergestellt ist, dass beide, Mann und Frau etwas voneinander lernen können? Nach diesem etwas nüchternen Kapitel, so denke ich, kann ich nun das Resümee ziehen, dass der Eros nur in seiner selbstpraktischen und therapeutischen Anwendung zur letzten Klarheit und Wirksamkeit kommt, indem ich die Praxis dazu darstelle.

[146] Lacan, J., L`objet de la Psychoanalyse, Seminaire Nr. XIII, B. R. F. L. Strasbourg S. 488
[147] Stefan, V., Häutungen, frauenoffensive (1976)

11. Anhang zur Praxis des Verfahrens

Das Verfahren ist von seiner praktischen Seite her wie schon zum Teil beschrieben sehr einfach. Trotzdem noch eine kurze Zusammenfassung und weitere *Formel-Worte für die Praxis*. Man sitzt in bequemer Haltung und wiederholt rein gedanklich langsam hintereinander ein, zwei oder bis zu fünf *Formel-Worte*,[148] während man gleichzeitig darauf achtet, ob etwas auftaucht, das den Charakter eines ‚Es *Strahlt*‘ hat. Bei dem „*Strahlt*" kann es sich um eine Erhellung, Körperbildwahrnehmung, ein Schimmern, einen ‚Lichtpunkt‘ oder eine grundlegende Luzidität handeln, dem eben solch ein Phänomen zukommt. Das *Strahlt* ist also nicht etwas, das man selbst imaginieren, erzeugen oder gar erzwingen muss. Es ist in jedem Menschen als Primärform eines Kräftegeschehens vorhanden und muss so nur geweckt oder erwartet werden. Genauso kann aber auch ein ‚Durchrieseln‘ zu spüren sein oder die Empfindung auftauchen, wie sich das eigene Körperbild verschiebt und sich weitet.[149]

---

[148] Weitere *Formel-Worte* sind in anderen Veröffentlichungen oder auch auf der hinten angegebenen Webseite zu finden. Vorerst genügen die hier erwähnten. Mehr als fünf sollte man nicht benötigen.

[149] Damit ist eine Erfahrung gemeint, die etwas mit atavistischen Gefühlsreaktionen zu tun hat. Die Frühmenschen haben noch viel mit ihrer unbedeckten Haut gefühlt, ertastet und umweltbezogen kommuniziert. Auch bei bewegenden Musikstücken,

Oder es ist einfach nur als schwarze Farbe, als Fleck vor den geschlossenen Augen festzustellen. Denn auch schwarz ist schon eine Farbe, eine Wahrnehmung, die sich von der Dunkelheit im Kopf ganz gering abheben kann. Egal was auch immer ‚gesehen' oder erfahren wird, es wird den Charakter von einem auch nur ganz geringem ‚Es *Strahlt*' haben, und das genügt.

Dadurch tritt eine Entspannung ein, eine Katharsis, eine Befreiungserleben, das besonders dadurch gesteigert werden kann, wenn gleichzeitig die besagten *Formel-Worte* monoton und rein mental geübt werden. Links unten ist nochmals ein weiteres *Formel-Wort* dargestellt. Auch dieses (RA-DIC-IT) ist kein normales Wort aus dem Lateinischen, aber es beinhaltet mehrere sich überschneidende Bedeutungen in einer Formulierung, es ist ‚linguistisch kristallin' aufgebaut. Außer dem radiat und dicit (*Strahlt* und *Spricht*) ergeben sich im Kreis geschrieben und von verschiedenen Buchstaben aus gelesen mehrere disparate Bedeutungen. So kann man hier z. B. auch „adi cit r" (geh heran, es bewegt R) „C i tradi" (hundert I übergeben), „citra

wenn es einem wie einen durch einen den Rücken herunterrieselnden Schauer erfasst, greifen wir auf diese eben besonders tief gehenden Emotionen zurück. In der *Analytischen Psychokatharsis* wird diese Erfahrung jedoch als Bestätigung einer Erkenntnis genutzt z. B. bei den *Pass-Worten*.

di" (diesseits die Götter), „dicit ra" (es sagt ra), „r adic it" (füge r hinzu, es geht), „radi cit" (gekratzt werden, es bewegt sich), „trad ici" (erzähle, ich habe getroffen) etc. herauslesen, wobei vieles recht unsinnig klingt. Dies hat jedoch für den formalen Ausdruck keinerlei Bedeutung. Ausschlaggebend ist nur, die wissenschaftliche Begründung (mehrere Bedeutungen in einer Formulierung, Verwendung nur anderer Schnittstellen) klar darlegen zu können, und dies ist für das Verfahren sehr wichtig, weil man nur so volles Vertrauen in die Methode haben kann.

Dies ist die erste Übung, die auf tatsächlichen Vorgaben der Psychoanalyse beruht, weil durch das mentale Reverberieren eine Regression (ein innerlicher Rückzug) erzeugt wird, die sich gleichzeitig nur auf einen eingeengten Aspekt des Wahrnehmungs- bzw. Schautriebs konzentriert (das *Strahlt* Zudem setzt sich die *Formel-Wort*-Wiederholung an die Stelle dessen, was man in der Psychoanalyse den Wiederholungszwang, das unbewusste Wiederholen nennt. Dieses wird zumindest solange aufgehoben, wie die Übungen der *Analytischen Psychokatharsis* wirken. Ich habe schon im Haupttext angedeutet, dass dadurch eine wesentliche Hürde der klassischen Psychoanalyse vereinfacht und vermindert wird. Wichtig ist, dass es zu einer Katharsis kommt, zu einer Befreiungserfahrung und nicht nur zu einer simplen Entspannung.

Auch was andere Therapieformen und deren Probleme angeht, kann in der *Analytischen Psychokatharsis* meist vereinfacht umgangen werden. Es genügt nämlich nicht mehr, einfach einem Therapeuten oder Meditationslehrer zu glauben und seinen einfachen Anweisungen zu folgen. Man muss heutzutage auch verstanden haben, dass das Verfahren wissenschaftliche Grundlagen hat und man mitdenken kann und soll, damit nicht in tieferen Momenten der Übungen Abhängigkeiten von der Ideologie der Methode, vom Lehrer bzw. Therapeuten oder irrationale Ängste auftreten. Das *Strahlt* (das Kristalline, Spiegelnde) der kathartischen Erfahrung ist also aus der Grundkraft des Wahrnehmungstriebs abgeleitet. Es

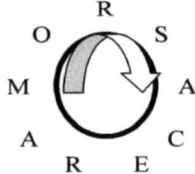

ist somit etwas, das in jedem Menschen originär vorhanden ist, genauso wie das *Spricht* (das Linguistische, Verlautende).[150]

Nach dem R-A-D-I-C-I-T kann nun auch das *Formel-Wort* O-R-S-A-C-E-R-A-M hinzugenommen werden,

---

[150] In der Psychoanalyse gehen wir davon aus, dass in der Menschentwicklung die symbolische Ordnung bzw. die Sprache eine entscheidende Funktion einnimmt, die die Wahrnehmung in eine reine Sinnestätigkeit und eine Triebtätigkeit teilt. Die Sinnestätigkeit ist eine Wirklichnehmung, die Triebtätigkeit eine Wahrnehmungslust, zusammengefasst sprechen wir von Wahr-Nehmung. Das Wahre kommt durch die Sprache herein, die Nehmung durch die Wirklichkeit.

denn sollte jemand wirklich Interesse haben, die analytisch-psychokathartische Methode zu erlernen, sind wenigstens drei dieser Formulierungen notwendig. Zwei oder gar nur eines würden einen zu schnell ermüden. In dem – einmal anders geschriebenen *Formel-Wort* C-E-R-A-M-O-R-S-A (Abbildung vorige Seite) stecken je nach Ausgangsbuchstaben folgende Bedeutungen: C eram orsa (hundertfach war ich Beginnen, amo R sacer (ich liebe das heilige R), cera morsa (das zerstückelte Wachs), mors acer (der Tod ist bitter), amor sacer (die Liebe ist heilig) usw. Wie betont, kann man diese Bedeutungen gleich wieder vergessen.

Sie sind zu disparat, also auf keinen Nenner zu bringen. Denn übt man sie in dem einheitlichen Schriftzug, wird man niemals den bitteren Tod mit dem zerstückelten Wachs und dem hundertfachen Beginnen in einem Sinngehalt zusammenbringen. Wichtig ist nur zu verstehen, wie die *Formel-Worte* aufgebaut sind, so dass man wissenschaftlich-intellektuell das Verfahren jeder Zeit hinterfragen kann. Kommen irgendwelche Gefühle oder Ideen hoch, die unpassend sind oder Angst machen, kann man nachdenken oder sich weiter über das Verfahren belesen. Blinder Glaube ist nicht gefragt.

Bei der zweiten Übung wird nunmehr auf genau dieses *Spricht*, dieses Körper-Echo, also auf einen von oben / rechts im Kopf her kommendes Verlauten, auf einen Ton,

Laut, aus dem tiefen Inneren geachtet. Es sind schließlich Buchstaben, die aus diesem ‚typographischen‘ Raum herausklingen und die das Unbewusste dort gespeichert hält. Und genau in diesen Raum sind die *Formel-Worte* eingedrungen und haben die Buchstaben in ihrer B(r)uchstabenhaftigkeit geweckt und evoziert. Auch hier wieder gilt das Gleiche: es handelt sich um einen ganz originären Aspekt des Entäußerungs- bzw. Sprechtriebes, der in jedem Menschen als Primärprozess vorhanden ist und im Unbewussten sogar die Form ganz knapper, kompakter „innerer Sätze“, „ultrareduzierter Phrasen“ annimmt (alles Begriffe Lacans für diese lautliche Erfahrung).

Auch hier können anfänglich nur ein feines Rauschen, ein ferner Laut oder Ähnliches wahrgenommen werden können, der Übende wird jedoch von Anfang an bemerken, dass es sich hier um eine Konzentration auf ein mehr oben-rechts oder oben-zentral im Kopf befindliches Hör-Sprechsystem handelt, zu dem die Echos des Körpers Beziehung haben, auf die hier zurückgegriffen wird. Auch wenn das eigentliche Hör-Sprechsystem im Kopf linksseitig angelegt ist, ist eben rechtsseitig das mehr rudimentäre, musikalische und der Regression besser zugängliche Hör-Sprechsystem vorhanden, und seine Echostruktur deutlich zu sehen. Dazu passen dann eher die kurzen Phrasen der *Pass-Worte*, während bei den längeren das linksseitige System (psychoanalytisch: das Vorbewusste) eine Rolle spielt.

Wenn man sich über Psychoanalyse etwas beliest und auch sonst Kontakt zu literarischer und wissenschaftlicher und sonstiger Kultur hält, und auch den vorliegenden Text gelesen hat, einen Versuch mit den Übungen gemacht hat, kurz: ein bisschen Bildungsbürger ist, wird man die oft sofort einsehbaren *Pass-Worte* richtig deuten. So schreibt Freud, dass man sogar manche Träume, die ja nun viel entstellter sind als die *Pass-Worte*, und die ja auch unmittelbar vom Symbolisch-Realen her kommen, direkt vom „Blatt weg ablesen" könnte. Man braucht nicht mehr den Träumer nach Einfällen dazu zu befragen und umständliche Interpretationen anzubringen.

Freud berichtet z. B. von dem Traum eines Patienten, in dem die Formulierung „erzephilisch" vorkam. Der Träumer hatte sofort selbst den richtigen Einfall, dass hierin das Wort „erzieherisch" und „Syphilis" steckt. Untereinandergeschrieben bemerkt man, dass es bei diesen Traum-B(r)uchstaben um etwas handelt, das wie ein Freud'scher Versprecher mehrfach determiniert aufgebaut ist, und daher tatsächlich genauso erstellt ist wie ein *Formel-* oder *Pass-Wort* (siehe Abbildung rechts). Der Träumer hatte schon Vorkenntnisse von sich und seinem Unbewussten, und so verhält es sich ja auch mit dem Übenden in der *Analytischen Psychokatharsis*. Zudem lernt man mit der Zeit des Übens mehr und mehr diese ‚integrale Übermittlung' des *Selbst*. Integral heißt

präzise, wie es in der Mathematik der Fall ist, denn eine mathematisch graphische Darstellung,
ein ‚Mathem‘, reicht weiter, ver-

erz e phil is ch
erz ie her is ch
Sy phil is

mittelt direkter, weil es ohne Worte ist. Es zeigt unmittelbar, also ikonisch, indem es geschrieben ist wie in der
obigen Abbildung. Die Schrift, das ist das Imaginär-Re-
ale, die Konsistenz, der ‚Perfektoide Raum‘. Die Ex-Sistenz des Realen, das mathematische ‚Ding‘.[151]

Und noch ein letzter Hinweis, nach dem oft gefragt wird.
Bemerkt man bei der Anwendung der *Analytischen
Psychokatharsis*, dass der *Strahlt*-Anteil beim Üben zu
stark ausfällt, wechselt man zur *Spricht*-Übung und umgekehrt. Ansonsten sind beide Übungen jeweils nur für
etwa zwanzig Minuten durchzuführen. Der Wechsel von
praktischer Erfahrung und theoretischem Denken ist
wichtig, weil am Ende etwas Gemeinsames herauskom-
men wird: eine gedankliche Selbsterfahrung, eine praktische Logik, eine kathartische Analyse. Letztendlich

---

[151] Der Raum gehört zur Kategorie des Imaginär - Realen (Konsistenz), die Zeit in die des Symbolisch-Realen (Insistenz). Das Ex-Sis-
tierende hat Bezug zu Urverdrängung und Ur-Übertragung. Ich
denke, ich war berechtigt hier vom ‚Perfektoiden Raum‘ zu sprechen, Auch wenn es den Scholzeschen Sinn nicht ganz trifft. Auch
das mathematische ‚Ding‘ findet hier seine Erfüllung, es ist real genau in dem Sinne, in dem es nur jedes Subjekt persönlich finden und
benennen kann, ‚ex-sistent‘.

finden beide Übungen zu einem inneren ‚Auftrag‘, einer Gewissheit, auch am Verfahren mitwirken zu können.

Andererseits habe ich bereits beschrieben, dass man manchmal nicht nur in Gedanken vom meditativen Vorgang abweicht. Manchmal weicht man sogar zwischen den einzelnen *Formel-Worten* zu Bildern, Erinnerungen, zu einem Gemisch von beiden und zu *Pass-Worten* ab, und kehrt doch wieder zum *Formel-Wort*-Reverberieren zurück. Der Fortgeschrittene wird dies durchaus als bereichernd erfahren, denn er lässt sich nicht in eine einseitige *Strahlt-* oder *Spricht*-Richtung verführen, sondern bleibt beim Fortschreiten in der engen Kombination der beiden Grundtriebe, Grundprinzipien, des Spiegel- und Echodiskurses. Und nochmals: neben einer Heilung von Störungen besteht das Ziel auch darin, an einer Weiterentwicklung des Verfahrens mitzuwirken.

Literaturverzeichnis

Appleton, T., Warum verschwanden die Neandertaler, Heyne (1999)

Baggini, J., Ich denke, also will ich, dtv (2016)

Barkhaus, A., Mayer, M., Identität, Leiblichkeit, Normativität, Suhrkamp (1996)

Bauriedl, T., Beziehungsanalyse, Suhrkamp (1993)

Benthien, C., Wulf, Ch., Körperteile, Rowohlt (2001)

Bezzel, C., Wittgenstein, Junius (1996)

Brenman, E., Vom Wiederfinden des guten Objekts, frommann-holzboog (2014)

Breuer, R., Immer Ärger mit dem Urknall, Rowohlt (1993)

Bischof, M., Biophotonen, Zweitausendeins (1995)

Brockman, J., Vogel, S., Wie funktioniert die Welt?, Fischer Taschenbuch (2013)

Byung-Chul Han, Die Austreibung des Anderen, Fischer Wissenschaft (201)

Byung-Chul Han, Die Errettung des Schönen, Fischer Wissenschaft (201)

Camus, A., Der Mensch in der Revolte, Rowohlt (1997)

Camus, A., Der Mythos des Sisyphos, Rowohlt (2000)

Carnap, R., Einführung in die Philosophie der Naturwissenschaft (1969)

Damasio, A. R., Descartes` Irrtum, Dtv (1997)

Dennet, D. C., Von den Bakterien zu Bacvh – und zurück, Suhrkamp (2018)

Davies, P., Gott und die moderne Physik, Bert. M. (1986)

Eccles, J. C., Gehirn und Seele, Piper (1987)

Eichmeier, J., Höfer, O., Endogene Bildmuster, U&S – Verlag (1974)

Eribon, D., Rückkehr nach Reims, ed suhrkamp (2016)

Fischer-Lichte, E., Performativität: Eine Einführung, transcript (2012)

Fölsing, A., Albert Einstein, Suhrkamp (1995)

Freud, S., Studienausgabe, Fischer (1989)

Goel, B. S. Meditation und Psychoanalyse, Ariston (1989)

Görz, G., Einführung in die Künstliche Intelligenz, Addison-Wesley (1996)

Goldman, L. R., The Anthropology of Cannibalism, B&G (1999)

Harari, Y. N., Homo Deus, C. H. Beck (2017)

Heidegger, M., Unterwegs zur Sprache, G. Neske (1959)

Hilbrecht, H., Meditation und Gehirn, Schattauer (2010)

Hofstadter, D., Die Fargonauten, Klett-Cotta (1996)

Hofstadter, D., Die Analogie, Klett-Cotta (2014)

Horgan, J., An den Grenzen des Wissens, Luchterhand (1997)

Jacobs, A., Schrott, R., Gehirn und Gedicht, Hanser (2011

Jakobson, R., Semiotik, Suhrkamp (1988)

Jakobson, R., On Language, Harvard University Press (1995)

Jung. C.G., Gesammelte Werke, Walter (1983)

Kant, I., Kritik der reinen Vernunft, Reclam (1966)

Kant,I., Kritik der praktischen Vernunft, Suhrkamp (1974)

Kluge, F., Etymologisches Wörterbuch, W. de Gruyter (1989)

Köhler-Weisker, A., Gespräche unter dem Mopane-baum, Psychosozial-Verlag (2015)

Lacan, J., Schriften I - III, Walter, (1975)

Lacan, J., Seminare I,I, VII, XI, XX, Quadriga (1980-1995)

Lacan, J., Seminaire Nr. III, Iv, VIII, XVII, Edition Seuil (1981-1994)

Lacan, J., Die Bildungen des Unbewussten, Turia & Kant (2006)

Lacan, J., Mitschriften der Seminare,VI,IX,X,XII,XV, B.R.L.F., Strasbourg

Laplanche, J., Pontalis, J. B., Das Vokabular Der Psychoanalyse, Suhrkamp (1989)

Leakey, R., Die ersten Spuren, Goldmann (1999)

Linke, D., Kunst und Gehirn, Rowohlt (2001)

Maar, C., Pöppel, E., Christaller, T., Die Technik auf dem Weg zur Seele, Rowohlt (1996)

Merleau-Ponty, M., Das Sichtbare und das Unsichtbare, Fink Verlag (1994)

Morgenthaler, F., Gespräche am sterbenden Fluß, Fischer (1986)

Pinker, S., Der Sprachinstinkt, Kindler (1996)

Plato, Sämtliche Werke, Insel Verlag (1991)

Popper, K. R., Eccles, J. C., Das Ich und sein Gehirn, Piper (1989)

Potthoff, P., Die Begegnung der Subjekte, Psychosozial-Verlag (2014)

Radisch, I, Camus, Rowohlt (2013)

Roazen, D., Der innere Sinn, Archäologie eines Gefühls, Fischer (2012)

Roheim, G., Die Panik der Götter, Kindler (1975)

Rosset, C., Das Reale in seiner Einzigartigkeit, Merve (2000)

Rüdinger, D., Perrez, M., Anthropologische Aspekte der Psychologie, O. Müller (1979)

Rudgley, R., Abenteuer Steinzeit, Kremaye & Scheriau (2001)

Schmidt-Hellerau, C., Lebenstrieb & Todestrieb, Libido & Lethe, Verlag Intern. Psychoanalyse (1995)

Schmitz, R. W., Thissen, J., Neandertal, Spectrum (2000)

Searle, J. R., Geist, Hirn und Wissenschaft, Suhrkamp (1992)

Seidler, G. H., Der Blick des Anderen, Verlag Intern, Psychoanalyse (1995)

Sinz, R., Gehirn und Gedächtnis, Fischer Utb (1981)

Sloterdijk, P., Du musst dein Leben ändern, Suhrkamp (2009)

Spielrein, S., Sämtliche Schriften, Kore (1987)

Strowik, E., Sprechende Körper, Fink-Verlag (2009)

Sunday, P. R., Divine Hunger, Cambr. Univ. Press (1986) Thompson, R. F., Das Gehirn, Spectrum (1994)

Thorne, K. S., Gekrümmter Raum und Verbogene Zeit, Knaur (1996)

Tipler, F. J., Über die Omegapunkttheorie, Piper (1994)

Uexküll, Th., Fuchs, M., Subjektive Anatomie, Schattauer (1994)

Weiss, Der Andere in der Übertragung, Frommann-Holzboog, (1988)

Weizsäcker, C. F. von, Die Einheit der Natur, Dtv (1995)

Weinberg, S., Der Traum von der Einheit des Universums, Bertelsmann (1993)

Weizenbaum, J., Die Macht der Computer, Stw (1977)

Wiener, O., Probleme der Künstlichen Intelligenz, Merve (1990)

Wilhelm, R., Informatik, C.H.Beck (1996)

Wilson, E. O., Der Wert der Vielfalt, Piper (199

Wolf, F. A., Die Physik der Träume, Byblos (1996)

Wygotski, L.S., Denken und 'Sprechen', Fischer (1981)

Webseite: Analytic-Psychocatharsis.com
Kontakt: g.vonhummel@web.de

Weitere Veröffentlichungen des Autors im MCS-Verlag

Analytische Psychokatharsis

Psychoanalytische Theorie und kathartische Meditation können nicht einfach ineinander überführt werden. Setzt man beide Verfahren aber durch ein entscheidendes Element (einen „linguistischen Kristall") in Beziehung, lässt sich ein eigenes neues Verfahren begründen. Die Psychoanalyse und die meditativen Methoden werden diskutiert, und die Praxis des eigenen Verfahrens wird ausführlich beschrieben.

Yoga und Psychoanalyse

Anhand der umfassenden Yogalehren Kirpal Singhs versucht der Autor einen Vergleich zwischen diesem meditativen System und der Praxis der Psychoanalyse zu ziehen. Das Ergebnis ist ein darüber hinausgehendes eigenes psychotherapeutisches Verfahren, das Ost und West, Theorie und Praxis gleichermaßen gerecht wird.

Der Andere des Wortes und das Andere der Sterne verweist auf die Doppelstruktur des Unbewussten. Doch wie bringt man diese beiden in eine geeignete Kombination, so dass sie sich für ein psychoanalytisch - meditatives Verfahren eignen, das jeder Einzelne für sich selbst erlernen kann. Über Physik, Theologie, Kognition und andere Wissenschaften liefert das Buch eine Anleitung

Schon die unterschiedliche Groß- Kleinschreibung provoziert, dass der SIGNIFIKANT (Bezeichner, Bedeutender), ein Begriff aus der Linguistik, wichtiger sein könnte, als die altehrwürdige Vokabel Gott. Der Autor zeigt, dass Jesus ein Vorläufer der modernen Psychotherapie war und somit sein Vorgehen auch für die heutige Psychoanalyse genutzt werden kann.

Verinnerlicht Euch! Die klassische Methode der Analyse des Unbewussten stellt eine zu theoretische Revolte des Selbst dar. Um in der Praxis Erfolg zu haben bedarf es eines direkteren selbstanalytischen Verfahrens, das jeder aus sich selbst heraus entwickeln kann. Formulierungen, die in einem einzigen Schriftzug mehrere Bedeutungen enthalten, können das Unbewusste jedes Einzelnen durch mentales Üben aufbrechen und zu sich selbst befreien. Das Buch gibt eine klare Anleitung dazu.

‚teetrunken' Ausgangspunkt des Buches stellt die Lehre des Psychoanalytikers O. Graf Wittgenstein dar, der davon ausging, dass der Mensch in sich drei Teile birgt, die er nur verschiedentlich zu einer Einheit bzw. einheitlichen Persönlichkeit verbinden kann. Die letztliche und ideale Einheit nennt er den 'Trialog'. Anhand der Schilderung mehrerer Bergbesteigungen durchstreift der Autor alle möglichen kulturellen und psychologischen Fragestellungen, um im Endeffekt dahin zu kommen, den 'Trialog' durch das Wandern, Meditieren und intellektuelle Verarbeiten zu erreichen.

Liste weiterer Werke des Autors im MCS-Verlag

Herz-Sprache, Eine Psychoanalyse des Herzens

Politik / Therapie, Begreifen, was man schon weiß - wie Politik therapeutisch zu denken wäre

Das autochthone Genießen, Essays zu einem neuen selbstanalytischen Verfahren

Zweimal den Tod überlisten, Ein Traktat zu Sisyphos

Siddharthas Wiederkehr, Ein wissenschaftlicher Roman – eine Anregung zur Selbstanalyse

Nach Lacan, Über Physik, Psychoanalyse und die Metapher des Genießens – eine Selbstpraxis

interhot, Gespräche mit dem Unbewussten

Das Gerade und das Gekrümmte, Die Behandlung einer Psychose

Die körperlich kranke Seele, Eine Broschüre zu Theorie und Praxis der *Analytischen Psychokatharsis*

Platons Lieb-ido, Ein wissenschaftlicher Roman – eine Überredung zur Selbsttherapie

‚Visionen' – das anders-herum von Liebe und Tod. Bild- und Wort-Wirkendes und das Ikonische